Mundo Bíblico

José Young

E^c_c

Ediciones Crecimiento Cristiano

© 2005 **Ediciones Crecimiento Cristiano**
Título: El mundo bíblico
Autor: José Young
Primera edición:10/81
Edición actualizada: 2006
ISBN 950-9596-03-5
Clasificación: Estudio bíblico; Guía para pequenos grupos
Diseño Tapa: Ana Ruth Santacruz

Impreso en los taleres de:
Ediciones Crecimiento Cristiano
Dirección postal: Casilla 3
Córdoba 419
5903 Villa Nueva, Cba.
Argentina
www.edicionescc.com
oficina@edicionscc.com
TE. [353] 491 2450

IMPRESO EN ARGENTINA
MB1

Introducción

Esta es una de las primeras materias de la Serie Madurez. Como su título indica, es una introducción a varios temas relacionados con la Biblia y su mundo, que ayudarán al estudiante a entender mejor el texto bíblico.

En contraste con la mayoría de las otras materias, esta no es un estudio *de* la Biblia, sino un estudio *acerca* de ella. En varias lecciones hay una parte de información que usted deberá leer más de una vez. Luego tendrá que completar una serie de preguntas y ejercicios en cada lección. La mayoría de las preguntas se responden con la información que damos; otras, requieren información bíblica, o su propia opinión.

Indice de lecciones

Se puede (y conviene) utilizar más de una versión de la Biblia en este estudio. A menudo hemos de hacer referencia a:

RV, es decir, la versión ReinaValera.

NVI, la versión Nueva Versión Internacional.

Bibliografía

Para el estudiante que desee profundizar más sobre los temas de esta materia, sugerimos los siguientes libros:

Cómo comprender la Biblia por John Stott (Ediciones Certeza y Unión Bíblica). Contiene secciones sobre historia y geografía bíblica.

Cada estudiante deberá conseguir su propio ejemplar de la "Concordancia breve de la Biblia" o una Biblia con concordancia.

1   *El mundo del Nuevo Testamento*

Para entender la Biblia, debemos conocer el mundo en que fue escrita, y del cual habla. En ésta materia observaremos el mundo del Nuevo Testamento.

Usando una sencilla figura, el mundo del Nuevo Testamento es como un río creado por la convergencia de tres corrientes. En primer lugar el judaísmo, que tiene sus raíces en el Antiguo Testamento, pero que aparece sustancialmente modificado en el Nuevo Testamento Luego la cultura griega, que proveyó al mundo del Nuevo Testamento su manera de pensar y su lengua. Y por último, el Imperio romano, que había establecido en la época del Nuevo Testamento una paz universal pocas veces vista en la historia.

Podemos ver estos tres aspectos en la persona de Pablo. Judío de nacimiento, educado a los pies de un rabino, siendo también ciudadano romano y habiendo escrito sus cartas en lengua griega. Para comprender a Pablo y el mundo en el cual viajaba y predicaba el evangelio, debemos tomar en cuenta lo judío, lo romano y lo griego que había en él.

La cultura griega

Comencemos, entonces, siglos antes del nacimiento de Cristo, en la zona de la Grecia actual. Nació allí lo que los historiadores llaman el fundamento de la civilización occidental. De allí salieron los primeros historiadores, filósofos y poetas importantes. Los griegos antiguos fueron los primeros que estudiaron la geometría, la medicina, la física y otras ciencias de una manera científica. Allí también nacieron los juegos olímpicos que todavía se celebran.

Los griegos vivían como una agrupación de ciudades-estados independientes, y nunca tuvieron un gobierno nacional. Estas ciudades peleaban entre sí; una dominaba durante un período, luego otra y así sucesivamente. Lo que los unía era una cultura, una religión y una lengua común. Se llamaba "heleno" a toda persona cuya lengua natal era la griega, y de esa manera los helenos tenían influencia en todo el mundo mediterráneo.

Una de las herencias que tenemos de los griegos es el idioma del Nuevo Testamento, forjado por los filósofos que buscaban nuevas ideas y también maneras de expresarlas. Es una de las más ricas del mundo por su clara y específica capacidad de expresión. Por ejemplo, cuando se tradujo el Nuevo Testamento del griego al Latín, se encontraron con dificultades, porque el Latín carece de la flexibilidad y la riqueza suficientes para expresar bien muchos conceptos del Nuevo Testamento

La expansión helénica

El aspecto de la historia griega que nos interesa estudiar ahora son las conquistas de Alejandro Magno (Alejandro el Grande).

Al terminar el Antiguo Testamento, eran los Persas la fuerza dominante de la parte del mundo que nos interesa. Tuvieron una vasta área bajo su poder durante unos 200 años, pero no pudieron dominar a los griegos (ver el primer mapa)

En 338 a.C. Macedonia, al norte de Grecia, venció a los griegos y estableció un reino unido. Unos pocos años después Alejandro el macedonio salió contra los persas con un ejército unido de macedonios y griegos, y conquistó todo lo que antes era de los persas.

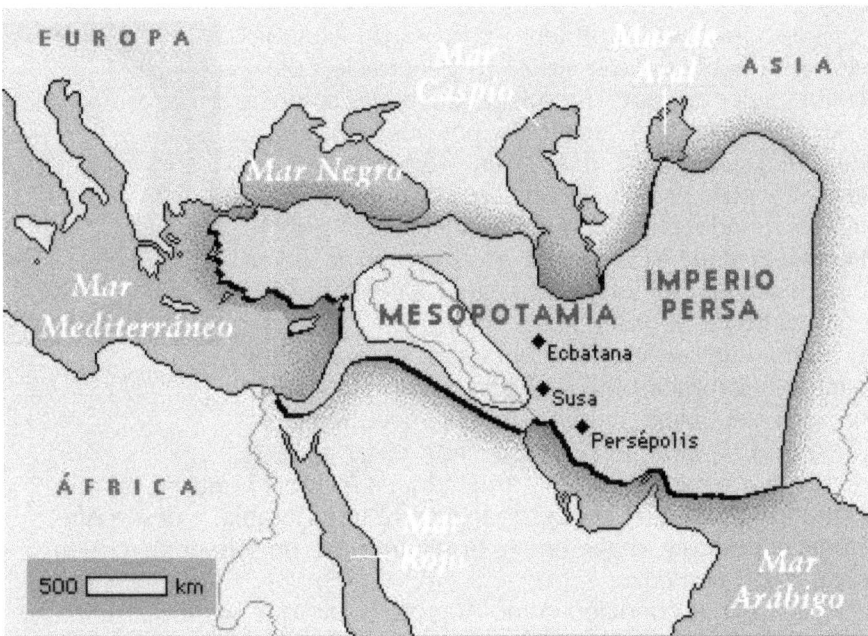

La conquista de Alejandro afectó profundamente al mundo de la cuenca oriental del Mediterráneo. Como admirador de toda la cultura griega, estableció ciudades helenistas en todas partes, incluyendo Alejandría de Egipto. En poco tiempo la cultura y lengua griega llegaron a penetrar tanto que el período que siguió a Alejandro se conoce como la Edad Helénica.

El reino forjado por Alejandro sobre el mundo mediterráneo duró poco tiempo. Cuando llegamos al período del Nuevo Testamento, todo lo conquistado por Alejandro formaba parte del Imperio Romano. Pero la cultura helénica tenía un gran poder de asimilación. Las tribus que invadieron la península griega durante su historia llegaron a ser también helenistas. Y aunque Roma impuso su Imperio, el mundo siguió siendo helenístico, durante más de mil años.

La herencia helénica

Las consecuencias principales de la penetración helénica en el mundo mediterráneo fueron dos: haber moldeado la vida intelectual de la época, y haber dejado una lengua universal.

Al comenzar a formarse las ciudades-estados griegos, las diferentes tribus helénicas tenían sus propios dialectos de la lengua griega. Pero al entrar en una relación más estrecha, surgió una lengua común, la *koine*. Esta fue la lengua de los ejércitos de Alejandro, y cuando éste conquistó el mundo oriental mediterráneo, la implantó entre todos los pueblos. Y luego, en pocas generaciones, la lengua *koine* llegó a ser la lengua universal de los comerciantes, los soldados y el pueblo.

Roma

Alejandro aceleró un lento proceso de aculturación que había durado siglos. La penetración de la cultura helénica, que antes dependía de las colonias y el comercio, fue asegurada por sus conquistas. Pero Alejandro murió muy joven —apenas tenía 32 años— y como resultado un caos político dividió el nuevo mundo griego en varias fracciones combatientes. El imperio naciente, a consecuencia de su desintegración, fue presa fácil para los ejércitos bien entrenados de Roma.

El emperador Claudio

Roma demostró ser un genio para la conquista y para la organización de las tierras conquistadas. De ser una república importante pero pequeña, en poco más de cien años, creció hasta llegar a ser la dueña de un imperio. Como resultado, en el año 27 antes de Cristo, el mundo mediterráneo, desde Inglaterra hasta Arabia, y desde Africa del norte hasta lo que hoy es Rusia, formaba un solo imperio bien organizado y en paz.

Otavio, más conocido como Augusto (título que significa "su excelencia") fue quien logró finalmente la paz. Hasta ese momento Roma había sido una república, y su autoridad máxima (por lo menos en teoría) era el Senado. Pero Augusto, con una mezcla de astucia y habilidad, logró concentrar toda la autoridad en sí mismo.

Legalmente no era rey, sin embargo, en la práctica, ejercía toda la autoridad de un rey, y la gente de las provincias lo vieron como tal (ver Jn 19:15). Augusto descendía de una familia de apellido César. A partir de él, los emperadores fueron conocidos como los Césares, aún cuando no tenían relación con la familia.

Durante el período del Nuevo Testamento hubo varios Césares; era un puesto inestable y el cuadro de la página siguiente ofrece una lista de ellos con algunos detalles en cuanto a su importancia en el Nuevo Testamento

El imperio

Así como el helenismo proveyó el trasfondo cultural al mundo del Nuevo Testamento, y una lengua universal, Roma proveyó el trasfondo político, y en cierto sentido, el social de ese mundo. Tener una idea general del gobierno provincial de Roma nos ayudará a entender varios aspectos del Nuevo Testamento

Roma mantenía una política muy astuta con sus provincias. En lo posible, permitía mucha autonomía, y en la mayoría de los casos, conservaban sus propias leyes y costumbres. En ciertas provincias, también sus propios gobernantes. Herodes, por ejemplo, era rey de una parte de Palestina. A las provincias se les permitía mucha libertad si obedecían las pocas leyes impuestas sobre ellas, mantenían la paz, y pagaban sus impuestos a Roma.

Había dos clases de provincias. Las provincias *senatoriales* que tenían un gobernador designado por el senado, a quien se les dio el título de "procónsul", como el caso de Sergio Paulo, procónsul de Chipre (Hechos 13:7). Las provincias más estratégicas y rebeldes (como en el caso de Judea) eran las provincias *imperiales*, que estaban bajo la vigilancia directa del emperador. Poncio Pilato, entonces, no era procónsul sino *procurador* de la provincia. Aunque debemos tomar en cuenta que en el concepto popular el título "gobernador" se aplicaba a cualquier administrador provincial, y ese es el título que se daba a Pilato en Mateo 27:2.

Judea es un buen ejemplo de una provincia imperial. Pilato como procurador tenía el absoluto control de la provincia. Era comandante del ejército de ocupación, con una fuerza de varios miles de hombres. Permitía la existencia del concilio de ancianos (el Sanedrín). Este podía hacer juicios en asuntos legales y religiosos. Pero Pilato mismo nombraba al sumo sacerdote, y ejercía control sobre el Templo mismo y sus fondos económicos. Solamente el procurador podía pronunciar la pena de muerte, y las decisiones hechas por el concilio de aplicar la pena de muerte podían ser ratificadas o anuladas por él.

El Nuevo Testamento refleja solamente una parte de la complicada estructura que era el Imperio. Y aún más, nuestra traducción tiende a simplificar varios términos técnicos de los oficiales romanos. Por ej: Hechos 16:35 habla de "magistrados", que eran los *strategoi*, las autoridades principales de una ciudad. En Hechos 17:8 habla de "autoridades", que eran los *politarques*, miembros del concilio de una ciudad. Hechos 19:31 habla de "autoridades", que eran los *asiarques*, enviados de la asamblea provincial.

Podemos resumir la responsabilidad del gobierno provincial bajo tres aspectos:

Primero, figuraba la seguridad militar y el orden público. Pablo, por ejemplo, fue arrestado bajo la sospecha de ser un agitador (Hechos 21:31-38).

Segundo, el cobro de impuestos. Un esfuerzo por controlar los impuestos mediante un censo llevó a José y María a Belén (Lucas 2:1)

Tercero, (y más problemático) mantener el sistema legal romano. Las autoridades locales podían apelar al gobernador romano en

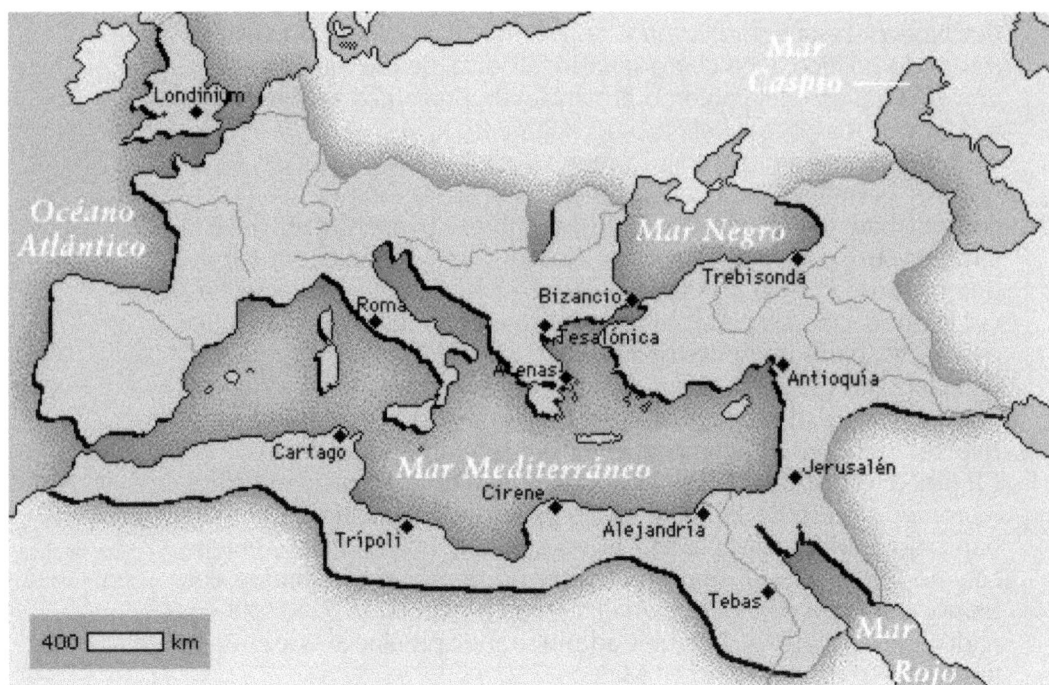

El imperio Romano

Augusto	27 A.c. a 14 A.D.	Ordenó el censo que obligó a José y María viajar a Belén.
Tiberio	14-37 D.C.	Emperador durante el período del ministerio de Jesús (Lucas 3.1)
Calígula	37-41	No está nombrado directamente en el Nuevo Testamento, aunque algunos piensan que la "abominación desoladora" de Marcos 13.14 se refiere a su amenaza de erigir su propia imagen en el templo de Jerusalén.
Claudio	41-54	Es nombrado en Hechos 11.28 como emperador durante una gran hambre, y en Hechos 18.2 como el que expulsó a los judíos de Roma.
Nerón	54-68	Su nombre no está en el Nuevo Testamento, pero fue el César a quien Pablo apeló. En el año 64 inició una gran persecución contra los cristianos, a quienes culpó del incendio de Roma, para despistar a aquellos que lo acusaban a él de haberlo hecho. Es posible que Pedro y Pablo murieron en esa persecución.
Galba, Otón y Vitelio	68-69	La lucha que había por el poder está indicada por la brevedad de estos tres reinados.
Vespasiano	69-79	El Nuevo Testamento no lo menciona.
Tito	79-81	El Nuevo Testamento no lo menciona.
Domiciano	81-96	El Nuevo Testamento no lo menciona, per fue el César durante la persecución en la cual Juan fue exilado a la isla de Patmos (Apocalipsis 1.9). No se sabe si fue él quien provocó esa persecución.

Los césares durante el período del Nuevo Testamento

casos difíciles, pero no había una ley clara para asuntos provinciales. El ciudadano romano gozaba de sus derechos en cualquier parte del Imperio. Pero en el caso de los provinciales, el gobernador tenía que juzgar según sus propios criterios, lo que dio lugar a diferentes aplicaciones de la justicia en distintas situaciones.

Los conceptos de justicia y ley desarrollados por Roma han influenciado hasta hoy en los sistemas legales del mundo. Algunas ideas fueron heredadas de los griegos, que integraron para formar un sistema más completo. La existencia de jurados, presencia de testigos y evidencia del hecho para el juicio de una persona, son también los fundamentos de la ley moderna.

Si había injusticia en el Imperio, no era causada por faltas en la ley, sino por deficiencias en su aplicación. Ya que los provinciales no tenían los derechos de ciudadanía romana, la ley que se les aplicaba en la mayoría de los casos era arbitraria.

Finalizamos esta parte haciendo un comentario sobre las clases sociales. Como toda sociedad, la romana era compleja. Podemos establecer dos maneras de dividir la sociedad romana.

La primera división está dada entre los que eran ciudadanos, y los que no lo eran. Una de cada diez personas gozaba de la ciudadanía, que los ponía en una clase superior. Cuando tomaron preso a Pablo, por ejemplo, no lo pudieron azotar por pertenecer al grupo de ciudadanos romanos (Hechos 22:25-29). Luego, cuando vio que no iba a recibir justicia de las manos de las autoridades locales, pudo apelar a la corte de Roma (Hechos 25:11,12). El ciudadano recibía ciertos privilegios legales y sociales que se negaban a los llamados provinciales.

Otra manera de dividir la sociedad romana era entre esclavos y libres. En un sentido, el esclavo era una "cosa", mas que una persona. Muchos de ellos eran personas bien preparadas, que trabajaban como médicos, maestros, contadores, artesanos y gerentes de negocios, editoriales y haciendas. Sin embargo, no tenían ningún derecho legal, y su dueño tenía una autoridad absoluta sobre su vida o muerte. Se estima que casi la mitad de la población del Imperio estaba constituída por esclavos, y toda su estructura económica dependía de ellos.

El fenómeno que ocurrió entre la gente libre es el mismo que encontramos en varios países del actual mundo sub-desarrollado. Había una aristocracia pequeña formada por la gente rica, y los que estaban en el poder. También como hoy, esa aristocracia poseía la mayor parte de las tierras, y manejaba las riquezas del Imperio. En el otro extremo se encontraba una clase baja muy grande. Muchos eran campesinos, y buena parte de ellos sumamente pobres.

No había una clase media en el sentido que lo entendemos hoy. Los esclavos ocupaban la mayoría de los puestos que hoy en día son las actividades de la clase media, y que normalmente hubieran sido bien remuneradas.

Había otro grupo formado por miles de personas que vivían de la caridad o el robo. Se las encontraba en las grandes ciudades. Algunos de ellos no podían conseguir trabajo, pero otros no tenían intención de hacerlo. Miles de estos eran alimentados por los Emperadores con fondos del Estado.

Es interesante notar que las primeras iglesias fueron formadas en su mayoría por personas de estos dos grupos: los esclavos y los destituídos. Esto conformaba la sospecha de mucha gente que decía que los primeros cristianos eran una "plaga", gente de la más baja, seguidores de una "superstición depravada". Pablo trata el tema en 1 Corintios 1:26-29.

Algunas consecuencias para los cristianos

Dice Gálatas 4:4, "Pero cuando vino el cumplimiento del tiempo, Dios envió a su Hijo...", y nos damos cuenta de que la época en la cual nació Jesús era especialmente apropiada por varias razones. Exploraremos brevemente cuatro condiciones del mundo bíblico del primer siglo que facilitaron el establecimiento de la iglesia.

La paz romana. Los historiadores han notado que si Jesús hubiera nacido 50 años antes, la expansión del cristianismo nunca habría logrado el alcance que vemos en los Hechos. Augusto no solamente había eliminado las diferentes facciones entre los romanos, sino que con la fuerza de sus ejércitos, impuso paz. Limpió el mar Mediterráneo de los piratas. Estableció guarniciones en todas las fronteras. Creó una red de caminos que permitió el rápido desplazamiento de tropas a cualquier foco de rebelión. Así es como entendemos que una población agradecida —libre por fin de las múltiples olas de invasiones y conflictos— diera a Augusto el título de "salvador".

La unificación del imperio trajo otras ventajas: los viajeros podían pasar de un país a otro libremente y sin pasaportes. Había una sola moneda. Un denario enviado por la iglesia de Antioquía servía a Pablo en Corinto. En suma, la paz romana proveyó a los primeros misioneros una libertad de acción que nunca más se volvió a ver luego de la caída del Imperio.

El transporte. Augusto tomó un interés especial en su red de caminos, tanto para el movimiento de tropas, como para la transmisión rápida de noticias en todas partes del Imperio. Fueron tan bien construídos, que aún hoy algunos están en uso. Tanto por mar, como por tierra, el Imperio ofreció a los misioneros rápidos y seguros medios de transporte.

Una lengua universal. Según el evangelio de Juan, el letrero colocado en la cruz sobre la cabeza de Jesús tenía una inscripción en tres idiomas: hebreo, latín y griego. Aunque probablemente lo que Juan llamó "hebreo" era realmente arameo, una lengua muy parecida, y de uso común. Tenemos, entonces, cuatro idiomas conocidos en Palestina.

El *hebreo* es el idioma en que fue escrito el A.T.. Lo utilizaban los escribas, pero era una lengua muerta para la mayoría de la gente.

El *arameo* era la lengua que los judíos habían aprendido a hablar durante el exilio en Babilonia. Era la lengua natal de la mayoría de los judíos. Los escribas solían leer el Antiguo Testamento para el pueblo en hebreo, pero también lo traducían al arameo para que éstos lo comprendieran (Nehemías 8:8, 12).

El *latín* era la lengua oficial de los romanos. Los gobernadores, y seguramente los soldados, hablaban en latín. Sin embargo, se limitaba mayormente a los círculos oficiales, y la gente de las provincias aprendían poco del idioma. Probablemente Pilato, como gobernador, hablara a la gente por medio de un intérprete.

El *griego* era, como mencionamos, la lengua común a todos los pueblos del Imperio. Por supuesto no todos podían hablarlo. Sin embargo los misioneros no hubieran tenido problemas en comunicarse con la mayoría de las personas.

La tolerancia romana. Su política de dejar a las provincias con cierta libertad se extendió también a la religión. Roma vigilaba todos los aspectos de la vida, por supuesto, pero demostraba tolerancia con la mayoría de las personas.

En la práctica, las religiones se dividían en dos clases: "religiones" y "supersticiones". Las primeras eran reconocidas por el estado, y ejercían sus cultos bajo aprobación y protección oficial. El judaísmo, por ejemplo, era una "religión", y el hecho de que Roma viera a los primeros cristianos como parte del judaísmo, obró a su favor. Las "supersticiones", por otro lado, se vieron como un asunto particular, una creencia personal.

Para el bien del estado, y para mantener una buena relación con los dioses, las "religiones" eran necesarias. Todo hombre debía participar en las "religiones" como parte del bien nacional. No tenía que creer en ellas, pero sí participar. La creencia en una "superstición", por otro lado, era algo personal, y mientras que una "superstición" no ofreciera ninguna amenaza, el gobierno sencillamente no la tomaba en cuenta.

Así es que el cristianismo durante su primera etapa, según la definición romana, fue tomado como una "superstición", y no merecía la atención oficial. Pero cuando comenzó a crecer y se repetían los tumultos en distintas ciudades por causa de los cristianos, era otra cosa. Que fuera una "superstición", al principio, favoreció a la iglesia, porque así evitó la atención oficial. Pero luego fue una desventaja, porque como "superstición", los cristianos no tenían ningún tipo de reconocimiento ni protección oficial.

Esperamos que esta introducción al mundo greco-romano le haya ayudado a apreciar la importancia de conocer el fondo histórico y cultural de la Biblia. Por supuesto, hemos tocado muy brevemente varios temas. Recomendamos la bibliografía como lectura adicional.

En base a lo que hemos visto en esta lección, conteste las siguientes preguntas.

1 Hemos mencionado tres etapas de la penetración de la cultura helénica en el mundo mediterráneo. Nombre esas etapas, y explique su alcance.

a]

b]

c]

2 ¿Durante cuántos años, más o menos, vivió Palestina bajo el poder del gobierno griego?

3 Explique por qué razones la lengua *koine* fue un instrumento apropiado para el evangelio y su extensión.

4 Sabemos que en el período que cubre el Nuevo Testamento hubo varios emperadores. ¿Quién es el emperador que se nombra en cada cita?
a] Lucas 23:2

b] Hechos 17:7

c] Filipenses 4:22

5 ¿Por qué Judea era una provincia "imperial" y no "senatorial"?

6 Haga el siguiente ejercicio utilizando una concordancia. Busque en ella cada nombre de la lista del cuadro, y según el texto bíblico, indique cuál era la posición (o título) de cada personaje, y si es posible también, el área (provincia, ciudad, etc.) bajo su responsabilidad.

Personaje	Posición/títuo	Area
a - Herodes		
b - Augusto César		
c - Felix		
d - Poncio Pilato		
e - Poncio Festo		
f - Galión		
g - Cirenio		
h - Agripa		

7 Las siguientes provincias romanas son mencionadas en el Nuevo Testamento Con la ayuda de un Atlas de la Biblia o de los mapas de un diccionario bíblico, debe señalarlas en el mapa de la siguiente página.

España (Romanos 15:25)　　　Ponto (1 Pedro 1:1)
Judea (Gálatas 1:22)　　　　　Ilírico (Romanos 15:19)
Siria (Gálatas 1:21)　　　　　Panfilia (Hechos 13:13)
Acaya (Romanos 15:26)　　　　Cilicia (Gálatas 1:21)
Galacia (2 Timoteo 4:10)　　　Macedonia (Hechos 16:9)
Bitinia (Hechos 16:7)　　　　　Chipre (Hechos 13:4)
Asia (Hechos 20:4)　　　　　　Capadocia (1 Pedro 1:1)
Licia (Hechos 27:5)

8 ¿Qué beneficios tenían los pueblos que formaban parte del Imperio Romano?

9 ¿Qué desventajas tenían los países como consecuencia de formar parte del Imperio?

10 ¿Cuáles fueron las principales ventajas de la paz romana para los primeros misioneros?

11 ¿Cómo nos ayuda esta lección a juzgar la actitud de Pilato en Juan 19:6?

12 ¿Por qué habrán sido los esclavos especialmente atraídos a la fe cristiana?

13 Vemos que 1 Corintios 1:26-29 describe bien a la iglesia de la época de Pablo. Esta descripción, ¿se asemeja a la iglesia actual? Explique.

Comenzamos esta lección comentando que el mundo del Nuevo Testamento es como un río creado por la convergencia de tres corrientes.

14 En forma de resumen, explique cuál es la principal contribución de cada una a la formación de ese mundo.

15 Hemos trazado los resultados de dos de las importantes influencias que hubo en el mundo bíblico (veremos la tercera en la siguiente lección). ¿Hay una influencia parecida en el mundo actual? ¿Puede identificar un aspecto cultural o político que ha afectado notablemente el crecimiento de la iglesia en nuestro país? Dé su opinión y razón de su respuesta.

16 Esta lección afirma que los primeros misioneros tenían una libertad de acción que nunca más se ha visto. ¿No le parece una exageración esa afirmación? Explique por qué está, o no, de acuerdo.

2 *Los judíos en el período intertestamentario*

En esta lección examinaremos la tercera "corriente humana" que, junto con el helenismo y el Imperio Romano, constituyó el trasfondo para el mundo del Nuevo Testamento

Debemos reconocer que entre el judaísmo que vemos al final del Antiguo Testamento, y el que encontramos en el Nuevo Testamento, hay muchas diferencias. Damos a continuación una lista parcial de lo que ocurrió durante los 440 años que los separan:

- Surgieron las sectas y partidos en el pueblo judío, como los fariseos, saduceos y escribas.
- El idioma del pueblo era el arameo y no el hebreo.
- Los judíos poseían una Biblia (Antiguo Testamento) escrita en griego.
- El lugar de culto era la sinagoga.
- Un concilio de ancianos gobernaba la nación.
- En todas las tierras que rodeaban el Mediterráneo había judíos dispersos.
- Había comunidades religiosas apartadas del resto del pueblo.
- El rey de los judíos era el edomita Herodes.

Todas estas novedades tienen su origen en un proceso histórico que se desarrolló en el intervalo que va desde los tiempos de Nehemías y Malaquías (alrededor del año 433 a.C) hasta el nacimiento de Jesús. Pero antes de entrar en ese período, hagamos un rápido repaso de los principales aspectos de la historia de los últimos libros del Antiguo Testamento

Recomendamos la lectura de los libros de Esdras y Nehemías, que describen las actividades de los judíos después de su regreso a Jerusalén

El período babilónico 586 a 539 a.C.

(Ver el encuadro de la próxima página.)

Hay pocas cosas que han afectado tanto al judaísmo como la destrucción del templo, y el establecimiento del culto en la sinagoga. Antes, para encontrar a Dios, debían ir a Jerusalén, y el aspecto principal del culto era el sacrificio. Pero después el centro del culto llegó a ser la instrucción en la ley de Moisés, y podían encontrarse con Dios dondequiera que estuviesen.

La sinagoga cumplió varias funciones en la vida del pueblo, no sólo en el exilio, sino que lo fue también después y en la actualidad. Además de ser el centro del culto, era centro de educación; allí el pueblo aprendía la ley y las tradiciones. Servía también como centro comunitario donde los ancianos administraban disciplina, y la con-

Período babilónico: 586 a 539 a.C.	
586 a.C.	Jerusalén cae frente a Nabucodonosor, y el templo queda destruído. Nabucodonosor lleva a los judíos cautivos a Babilonia (Jeremías 39:4-10).
Período persa: 539 a 333 a.C.	
539 a.C.	Babilonia cae frente a Ciro, el persa.
537 a.C.	Los judíos regresan a Jerusalén bajo Zorobabel, y comienza la reconstrucción del templo.
516 a.C.	Dedican el templo.
458 a.C.	Regreso de Esdras, el escriba, a Jerusalén.
445 a.C.	Nehemías regresa a Jerusalén, y construye los muros de la ciudad.
433 a.C.	Termina la historia del Antiguo Testamento.

gregación se juntaba para consultar sobre asuntos de la comunidad. La sinagoga ha servido para preservar la identidad judía hasta hoy.

Durante este período aparecieron también los escribanos.

Otro cambio que surgió en el período del exilio fue que los judíos se curaron de su idolatría, y nunca más cedieron a esa tentación. En general, los judíos del exilio vieron su cautiverio como el castigo de Dios, y los que regresaron luego a Jerusalén, lo hicieron con una nueva devoción a la Ley, y a sus tradiciones.

El período Persa del Antiguo Testamento 539 a 333 a.C.

Todo lo que sabemos de este período viene del Antiguo Testamento De ahí que volvamos a la recomendación de leer los libros de Esdras y Nehemías. El libro de Ester también relata lo ocurrido en esta época, pero en la ciudad de Susa, la capital persa. Las fechas principales para este período se encuentran en el resumen del primer encuadro.

Lo más notable de esta etapa en la historia de los judíos es la determinación con la cual regresaron a su tierra; una determinación de rehacer la nación, de establecerse de nuevo como el pueblo de Dios bajo su pacto. Habiendo regresado con esos propósitos, se regocijaron al ver la restauración del Templo y la organización de la ciudad de Jerusalén, con sus muros reedificados.

El período Persa en el intervalo intertestamentario 433 a 333 a.C.

Casi no tenemos información histórica acerca de este período, pero a su término podemos notar que:
- Falta la profecía. Desde Malaquías hasta Juan el Bautista, no se escucha voz profética en Israel.
- El pueblo habla arameo y no hebreo. Este era el idioma de Babilonia, y los exiliados lo trajeron a Palestina en su regreso.
- Existe ya el concilio de ancianos judíos, que probablemente se derivó

del concilio establecido por Esdras (Esdras 10:16,17).

- El sacerdocio ha llegado a tener una fuerte influencia política. Las circunstancias obligaron al sumo sacerdote a tener más responsabilidad sobre la comunidad misma. De su posición anterior, que se limitaba al templo y la vida religiosa, llegó a tener autoridad en la vida total del pueblo.

- Se ha edificado otro templo en el monte Gerizim. Los samaritanos, gente que los exiliados encontraron en su regreso de Babilonia, eran una mezcla de judíos que no habían sido llevados al exilio y gentiles transplantados por los persas. Tanto Esdras como Nehemías relatan la tensión existente entre los exiliados y los samaritanos. El conflicto se agravó con el tiempo. Los samaritanos habían asimilado la fe de Israel, por lo menos en parte, y tenían los libros de Moisés. Cuando su separación fue definitiva, edificaron su propio templo.

El período Griego 333 a 165 a.C.

(Ver el encuadro de esta página.)

Este período comienza con las conquistas de Alejandro, que ya comentamos. En la práctica, lo podemos dividir en tres etapas.

1 - Alejandro Magno, 333 a 323 a.C.

El reino de Alejandro duró poco, pues murió jóven. Además de su influencia en la diseminación de la cultura helénica, debemos se-

Período griego: 333 a 165 a.C.	
333 a.C.	Alejandro conquista Palestina.
323 a.C.	Muere Alejandro y el imperio se divide. Los tolomeos de Egipto comienzan a reinar sobre Palestina.
198 a.C.	Los seléucidas toman a Palestina
Período de independencia: 165 a 63 a.C.	
165 a.C.	La rebelión macabea.
Período romano: 65 a 6 o 7 a.C.	
63 a.C.	El general romano Pompeyo toma a Jerusalén.
37 a. C.	Herodes (el "grande") era un rey títere.
20 a. C.	Herodes comienza la renovación y reconstrucción del templo.
Período nuevotestamentario	
6 o 7 a. C.	El nacimiento de Jesús.
4 a. C.	La muerte de Herodes.
27 A.D.	La crufixión de Jesús.
70 A.D.	La destrucción del templo.
135 A.D.	La expulsión de todos los judíos de Jerusalén después de la rebelión bajo Bar-Cochba.

ñalar la fundación de la ciudad de Alejandría, en Egipto. Esta ciudad fue fundada por Alejandro mismo, y llegó no solamente a ser un centro de la cultura helénica, sino también una ciudad de mucha importancia para los judíos, e indirectamente, para el cristianismo.

A la muerte de Alejandro, su reino fue dividido entre cuatro de sus generales. Los dos que nos interesan ahora son Tolomeo y Seleuco. Tolomeo fundó un reino en Egipto y la parte sur de Siria, y Seleuco formó su reino en la parte norte de Siria. Palestina quedó en el medio de los dos.

2 - Los Tolomeos de Egipto, 323 a 198 a.C.

Alejandro Magno

Después de unos años de conflictos, Palestina pasó a manos de Egipto. En general, fue esta una época de paz y seguridad para los judíos. El manejo del gobierno estuvo en manos de los sumo sacerdotes, y se les dio libertad de seguir la práctica normal de su religión.

Varios miles de judíos fueron deportados durante este período a Alejandría, donde encontraron condiciones de trabajo y oportunidades óptimas. Otro buen número se trasladó voluntariamente. Así la colonia judía en esa ciudad llegó a ser fuerte. En pocas generaciones dejaron de hablar arameo, y emplearon el griego como sus vecinos.

Fue en este período que los judíos de Alejandría tradujeron las Escrituras del Antiguo Testamento al griego. El trabajo comenzó bajo el gobierno del tolomeo Filadelfo, más o menos en el año 285 a.C. y siguió hasta el año 140 a.C.. La versión lleva el nombre *septuaginta*, que quiere decir 70. Recibió su nombre por la tradición de que fue traducida por 70 o 72 eruditos. Muchas veces es conocida por "LXX", que es el número 70 en el sistema romano. Esta versión llegó a ser la Biblia que usaron la mayoría de los judíos, y la iglesia primitiva.

3 - Los Seléucidas de Siria, 198 a 165 a.C.

La relativa tranquilidad de los judíos terminó rápidamente cuando el rey Antíoco III arranca Palestina de las manos de los Egipcios.

Los seléucidas se sentían apóstoles del helenismo, y fomentaban el uso de la lengua y costumbres griegas en todos sus dominios. Como resultado, surgió en Judea un partido, que incluía a muchos de los judíos ricos, de influencia, que abandonaron las antiguas prácticas del judaísmo. Y es llamativo que los mismos sacerdotes tomaran una parte prominente en el cambio. Ellos representaban el gobierno en ese momento, y con ellos los representantes sirios tenían su principal contacto. De esta manera eran los primeros afectados por la influencia del nuevo pensamiento y las nuevas costumbres.

Sin embargo, había un grupo considerable de judíos que se resistía al helenismo. Ese grupo, conocido como los *chasidim*, se aferraron fuertemente a sus costumbres, y se opusieron tenazmente a la adaptación de nuevos estilos de ropa, de los juegos públicos griegos, y otros elementos de la nueva cultura.

En el año 175 a.C. la situación empeoró cuando Antíoco Epífanes subió al trono. Aunque a él le gustaba el nombre "Epífanes" (que significa "el dios manifestado"), sus críticos le llamaron *Epímanes*, es decir, loco. La historia nos muestra la razón de este apodo.

Antíoco se propuso convertir, o si no, eliminar a los judíos, cuya devoción a las leyes de Moisés aparentaba una falta de lealtad a Siria. Sus víctimas incluían todos aquellos que se aferraban al judaísmo, y especialmente a los chasidim. Impuso la pena de muerte para quienes cumplían con el sábado, el rito de la circuncisión y poseyeran la Biblia hebrea. Abolió el culto judío, y edificó en muchas ciudades de Judea altares paganos. Las nuevas restricciones se impusieron con una fría crueldad, y por primera vez en la historia judía, tenemos datos de una amplia y amarga persecución religiosa. El sacrilegio culminó con el sacrificio de un cerdo en el altar grande del templo..

El período de independencia 165 a 63 a.C.

Al principio los chasidim soportaron, sin resistir la persecución. Pero cuando los sirios trataron de obligar a un grupo de judíos a hacer un sacrificio pagano, un viejo sacerdote llamado Matatías y sus cinco hijos encabezaron una resistencia armada. Nació así un espíritu de rebelión. A ellos se unió un grupo de seguidores fanáticos, y juntos hicieron una pequeña guerra de guerrillas, derribando los altares paganos, y tratando de proteger el cumplimiento de la ley de Moisés. El viejo Matatías no soportó más de un año esa clase de vida, y al morir, encomendó la lucha a sus hijos. El nuevo jefe de la banda era Judas, que llevaba el sobrenombre de Macabeo (el martillero).

Judas y sus hermanos continuaron esta lucha de guerrilla, y tuvieron victoria tras victoria. Al final Siria cedió, y lograron un acuerdo con los judíos. Limpiaron el templo, hubo una nueva dedicación (en el año 165 a.C.), y los judíos entraron en un período de libertad religiosa. Conmemoraban esa fecha con la Fiesta de la Dedicación mencionada en Juan 10:22, que aún hoy se celebran el 25 de diciembre con el nombre Hanukkah.

Aunque Judas había ganado todo lo que los chasidim querían, él y su familia tenían ambiciones aún más altas. Entraron en una serie de conflictos que duraron 22 años, y en los cuales murieron cuatro de los hijos de Matatías. Finalmente en el año 142, lograron la independencia política, y Simón, el último hijo de Matatías, fue reconocido como el "gran sumo sacerdote, estratega y jefe de los judíos" (1 Macabeos 13:42). El primer libro de Macabeos, que se encuentra en las Biblias católicas (como la Biblia de Jerusalén), narra esta parte de la historia de Israel.

Con Simón comenzó la "dinastía asmonea" (nombre de la familia de Matatías), donde el oficio del sumo sacerdote y jefe de estado eran ejercidos por una sola persona. También comenzó con Simón un período de independencia política que duró unos 80 años; el único período de libertad desde el año 586 a.C. hasta mediados de nuestro siglo XX. Pero fueron 80 años de muchos conflictos internos.

La nación estaba dividida en dos partidos principales. Por un lado, estaban los que apoyaban el sacerdocio macabeo, o asmoneo, y quienes buscaron el poder político. Con el tiempo este partido recibió el nombre de "saduceos". Por otro lado, con un prejuicio que llegaba a veces al odio, estaban los descendientes de Judas Macabeo que no querían más que la libertad religiosa. Este grupo de chasidim, con el tiempo, fueron los "fariseos". El poder político, por supuesto, quedó en manos de los saduceos.

Nombramos un tercer grupo que, en la práctica, tenía poca influencia. Optaban por la reclusión, para formar comunidades y comunas apartadas de la forma de vida disipada que llevaban los otros judíos. Entre ellos estaban los esenios, un grupo estricto que eligió una vida de reclusión, de campo. Sabemos de grupos de esenios que existieron durante un siglo antes, y un siglo después de Cristo.

Los arqueólogos también han estudiado las ruinas de la comunidad de Qumran, un sitio apartado cerca del Mar Muerto, donde funcionaba una comunidad religiosa durante la misma época de los esenios.

De estos años de conflicto, hay tres hechos que debemos mencionar:

Primero, Juan Hircano, nieto del viejo Matatías, inició una serie de conquistas que incluyeron Idumea, al oriente del Jordán, territorio de Edom, descendientes de Esaú. Estos fueron obligados a aceptar la fe judía, con el resultado imprevisto de que cien años más tarde, subió al trono como rey de los judíos un idumeo llamado Herodes.

Segundo, Juan también llevó sus conquistas al norte, y sujetó a Samaria. Destruyó el templo en el monte Gerizim, y de esa forma ayudó a fomentar la enemistad entre judíos y samaritanos.

Tercero, el hijo de Juan sometió a Galilea, siendo en aquel tiempo casi totalmente tierra de gentiles. También tenían que aceptar la fe judía por la fuerza.

En los años siguientes, las disensiones entre saduceos y fariseos llegaron a la guerra civil. Con todos estos conflictos internos, Palestina cayó de nuevo bajo el yugo extranjero.

El período Romano 63 a.C. a 70 A.D.

Los 130 años de Israel bajo el dominio romano fueron años de tremendos conflictos y tensiones que apenas notamos en el Nuevo Testamento Por supuesto, los evangelistas no escribían historia, y aún con el libro de los Hechos, las partes históricas del Nuevo Testamento cubren apenas 35 años. Notemos algunas de sus características principales.

Fue un tiempo de inestabilidad política. Primero bajo un rey, luego bajo el procurador romano, las constantes luchas por el poder ayudaron a crear un espíritu de reacción y rebeldía por parte del pueblo.

En los tiempos del Señor aún existían los guerrilleros, comúnmente conocidos con el nombre de "los zelotes" (o celosos). Hechos 5:36,37 nos comenta dos levantamientos armados, y sabemos que la oposición abierta contra Roma fue más evidente en los años 50 y 60.

La rebelión y los conflictos armados se incrementaron cada vez más, hasta que Roma decidió aplastar de una vez por todas a los judíos. En el año 70 el general Tito puso sitio a la ciudad de Jerusalén y los

Despojos de Jerusalén: del Arco de Tito en Roma

habitantes, incluídos entre ellos muchos peregrinos, sufrieron cinco meses de hambre y ataques. Por último Tito tomó la ciudad, arrasó el templo y llevó a miles de cautivos. Con las multitudes de muertos y los prisioneros que llevaron, quedó en Judea un pequeño puñado de gente.

En el año 132 el Emperador decretó que Jerusalén iba a ser una colonia romana. Hubo un último esfuerzo de resistencia, bajo Bar-Cochba, por parte de los pobladores de Judea. Pero los romanos aplastaron esa rebelión e hicieron sobre las ruinas de Jerusalén una ciudad romana (llamada Colonia Aelia Capitolina). Decretaron la pena de muerte a todo judío que pusiera su pie en la ciudad.

Trabajaremos ahora sobre todo lo que hemos visto.

1 Hagamos en primer lugar un resúmen de los diferentes períodos. Divida la escala de esta página según el período del reino de cada uno, e indique quiénes eran los dueños de Palestina en cada caso.

2 Los exiliados llevados por Nabucodonosor, y privados del templo, tuvieron que buscar otro lugar para adorar a Dios. La solución fue la sinagoga. Explique qué cambios introdujo esto en el culto de adoración.

3 ¿En qué sentido fue favorable para los judíos el perder el uso del Templo? Dé sus razones.

4 Aunque los escribas en un principio servían principalmente para copiar la Ley, cuando entramos en el período del Nuevo Testamen-

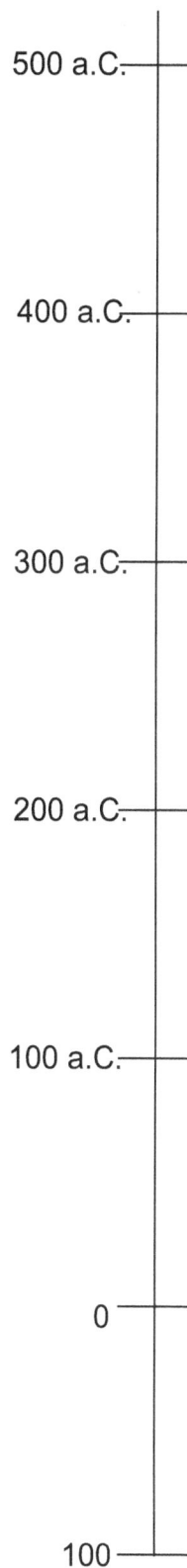

500 a.C.

400 a.C.

300 a.C.

200 a.C.

100 a.C.

0

100

to observamos que tenían mucha autoridad y poder. ¿Qué factores pueden haberles dado ese poder?

5 Es interesante notar que lo primero que hicieron los exiliados al regresar a Jerusalén fue reconstruir el templo. Hubiéramos esperado primero la reedificación del muro como medida de seguridad. Lea Esdras 1:1-4 y 6: 1-12 y explique las razones que tuvieron para hacerlo así.

6   ¿Cuándo:
   a] desapareció la monarquía en Israel?

   b] profetizó el último profeta del Antiguo Testamento?

   c] se originó el concilio de los judíos llamado posteriormente sanedrín?

A partir del primer siglo antes de Cristo, ya no se puede hablar de *un* pueblo judío, sino de sus varias ramas. Había muchos más judíos fuera de Palestina que dentro de ella, y el resultado inevitable fue una amplia variedad de costumbres y pensamientos.

7 El estudio menciona varias de las causas de esta amplia dispersión de los judíos. Enumere algunas de esas emigraciones, y explique brevemente su causa en cada caso.

8 El mando tolomeo sobre Palestina fue benigno, sin embargo afectó a Israel de algunas maneras importantes. Explique de qué manera lo afectó.

El tiempo que vivió Israel bajo los seléucidas fue breve (apenas 33 años), sin embargo fueron años tormentosos para los judíos.

9 ¿Quiénes dentro del mismo pueblo judío, tomaron la iniciativa de implantar la cultura helenística? ¿Por qué?

10 Como resultado de la influencia griega, notamos que nacieron dos tendencias entre los judíos. Explique cuáles eran, y por qué se crearon.

11 ¿Cuándo:
a] fue profanado el templo?

b] fue dedicado nuevamente?

c] logró Israel la independencia política?

d] fue establecida la Fiesta de la dedicación?

12 ¿Quién:
a] fue el primer soberano griego sobre Palestina?

b] sacrificó un cerdo sobre el altar mayor del templo?

c] destruyó el templo de los samaritanos?

d] consiguió la independencia completa para los judíos?

Aunque el texto llama al período macabeo "el período de independencia", una lectura de 1 Macabeos revela que fue una época de constantes conflictos.

13 Explique el cambio profundo que hubo en el sacerdocio como resultado de este período.

14 Otro resultado fue el origen de los partidos de los saduceos y fariseos. Explique la diferencia fundamental entre ambos.

15 ¿Cuántos años de independencia política han tenido los judíos en los últimos 25 siglos?

16 ¿Cuál habrá sido el motivo por el que se formó el grupo (o grupos) de los escenios?

17 En el comienzo de esta lección, notamos varios cambios ocurridos dentro del judaísmo durante los 425 años entre los dos testamentos. En forma resumida, indique los factores principales que causaron esos cambios, y explique en cada caso por qué esos factores produjeron un cambio.

3 El judaísmo

Ya hemos visto que el judaísmo del Nuevo Testamento difiere mucho del judaísmo que existía cuando terminó el relato del Antiguo Testamento. También hemos trazado algunos de los cambios originados en el período entre los testamentos. Nos dedicaremos en esta lección a examinar más en detalle algunos aspectos del judaísmo en el Nuevo Testamento.

1 - La sinagoga

Las sinagogas existían en todo el mundo conocido. Se utilizaban como centros para la vida social, la educación de los niños y adultos en la Ley y la adoración. En esta última actividad tenía especial importancia la lectura y la exposición de la Ley.

El culto de la sinagoga seguía una forma muy parecida a la que hoy en día desarrollan muchas iglesias protestantes. A grandes rasgos consistía en lo siguiente:

1 - La recitación de la *Shoma*, o sea, el credo judío, que se encuentra en Deuteronomio 6:4,5. "Oye, Israel: Jehová nuestro Dios, Jehová uno es. Y amarás a Jehová tu Dios de todo tu corazón, y de toda tu alma, y con toda tus fuerzas."

Al credo seguían unas frases de alabanza a Dios, conocidos como la "Berakot", porque comenzaban con la palabra "bendito".

2 - *Oración* ritual, con oportunidad para la oración en silencio.

3 - *Lectura de las Escrituras*. El pentateuco (los primeros cinco libros de la Biblia) se había dividido en 154 ciclos de lecturas. En Palestina se los repetía cada tres años, y en las sinagogas de Babilonia, cada año. A veces leían pasajes de los profetas (ver Lucas 4:16-21). Había también lecturas especiales para los días sagrados.

4 - Un *sermón*, que explicaba la lectura.

5 - *Bendición* (Números 6:24-26). Normalmente la daba una persona de la familia de los sacerdotes. Si no estaba tal persona, terminaban el servicio con oración.

Los dos oficiales más importantes de la sinagoga eran:

El principal de la sinagoga (Marcos 5:22 y otros textos). Probablemente lo elegían de entre los ancianos. Su responsabilidad consistía en presidir los cultos, presentar a las visitas (Hechos 13:15) y mediar en las disputas (Lucas 13:14).

El ministro, o *hazzan*, era quien cuidaba la propiedad y el edificio. También tenía la responsabilidad de informar al pueblo cuando comenzaba y terminaba el sábado. Probablemente fue esa la persona que dio el rollo de Isaías a Jesús en Lucas. 4:20. A menudo era él el maestro en la escuela de la sinagoga.

Los cristianos siguieron utilizando la sinagoga durante un buen tiempo antes de la ruptura final entre el judaísmo y el cristianismo.

2 - El templo

En la historia de los judíos hubo tres templos:

1 - El Templo de Salomón

Este se terminó en el año 960 a.C. y fue destruído por Nabuco-donosor en el 586 a.C.

2 - El segundo Templo

Los exiliados que regresaron comenzaron este templo en el 537 a.C., y hubo muchas demoras hasta que se terminó en el 516 a.C.

Ya vimos cómo fue profanado por Antíoco Epífanes, y luego dedicado de nuevo por Judas Macabeo.

Cuando Pompeyo tomó Jerusalén en el 63 a.C., penetró por la fuerza en el santuario y se sorprendió al encontrarlo vacío. Ese templo quedó hasta que Herodes comenzó su obra de reconstrucción en el 20 a.C.. Existió 500 años (más tiempo que el Templo de Salomón, o el Templo de Herodes que lo siguió).

3 - El Templo de Herodes.

Herodes renovó el segundo templo poco a poco. Los romanos lo destruyeron en el 70 A.D. Existió menos de cien años.

En el centro del templo estaba el santuario. Fuera de ello se encontraba el patio de los sacerdotes, y frente a ese patio el patio de los israelitas, donde solamente podían entrar los varones judíos. Había un patio especial para las mujeres. Fuera de todos esos patios, en un nivel inferior y separado de todos estos por un muro, estaba el patio de los gentiles. Los gentiles no podían ir más allá de su patio, y

Una reconstrucción del Segundo Templo

había advertencia de pena de muerte para los que entrasen a los otros patios.

De este templo, sabemos poco. El Castillo de Antonia sirvió de residencia para el procurador romano y los guardias del templo. En los cuatro extremos del patio de los gentiles había galerías contra el muro. Estas servían para las escuelas de los escribas, y los kioscos de los vendedores. El arca donde echaban dinero para los gastos del templo (Marcos 12:41-44) se encontraba en el patio de las mujeres. Había una cortina entre el santuario, o el lugar sagrado, y el patio de los sacerdotes (Marcos 15:38).

Los romanos permitían a los judíos mantener un cuerpo de guardias para cuidar el orden del templo. El comandante se llamaba "el jefe de la guardia del templo" (Hechos 4:1 y 5:24-26). En los pasajes mencionados, vemos que ellos tomaron presos a los apóstoles por predicar en el templo. Probablemente fueron también ellos quienes detuvieron a Jesús.

Los primeros judíos cristianos todavía adoraban y hacían votos en el templo hasta el 56 A.D. (ver Hechos 21:23-26). Pero al nacer la iglesia gentil, el templo cesó de jugar un papel importante en el cristianismo.

3 - Las sectas y los partidos judíos

Dentro del judaísmo había muchos grupos distintos, ya sean religiosos o políticos. Veamos algunas de sus características.

Fariseos. La palabra viene del verbo *parash*, que quiere decir "separar" y esa era la característica principal del grupo. Notamos en la lección anterior, que éstos surgieron como un grupo separatista antes del 135 a.C., y en una reacción conservadora contra las presiones helenísticas de los reyes seléucidas. Su meta era obedecer completamente a la ley escrita y la ley oral.

Algunas de sus características distintivas son:
- Tenían una teología basada en todo el Antiguo Testamento: la Ley, los Escritos y los Profetas. Lo interpretaban alegóricamente (es decir, en sentido figurado).
- Seguían la ley oral, o tradiciones, tanto como a la ley escrita.
- Creían en la existencia de ángeles y espíritus, la inmortalidad del alma, y la resurrección final del cuerpo.
- Practicaban las oraciones rituales y ayunos. Se cuidaban mucho de diezmar aún las cosas más pequeñas que pudieran recibir (Mateo 23:23 y Lucas 11:42).
- Insistían mucho en la observación del Sábado (Mateo 12:1,2).

"Farisaico" llegó a ser casi igual a "hipócrita", porque a menudo la justicia del fariseo era una cosa muy externa, y siempre tenía la tentación de practicar su religión para ser visto (Mateo 6). En su insistencia de guardar los detalles de la ley y las tradiciones, muchas veces dejaban lo más importante, como la justicia y el amor. Aunque, felizmente, había excepciones, como los casos de Nicodemo y Saulo.

Con todos sus defectos, el fariseísmo representaba lo mejor de su época. Era la única secta judía que sobrevivió, y sirvió de fundamento para el judaísmo moderno.

Saduceos. Se piensa que el nombre viene de Sadoc, quien era sumo sacerdote en los tiempos de David y Salomón, y cuyos descendientes eran sacerdotes en el tiempo de la cautividad (2 Crónicas 31:10, Ezequiel 40:46, 44:15, 48:11). Los saduceos no eran necesariamente hijos de Sadoc, pero el partido saduceo era el partido de los sacerdotes.

Los saduceos tenían poder político, y formaban el partido dominante en la vida civil de los judíos. En cuanto a teología eran liberales, y tendían a ser mundanos. Aceptaban influencias culturales que no eran judías. Así representaban el extremo contrario de los fariseos en muchos aspectos fundamentales.

- Basaban su teología solamente en los libros de Moisés, la Ley. No le daban a todo el Antiguo Testamento la misma autoridad que a la Ley.
- No le dieron valor a la ley oral.
- Negaron la existencia de ángeles y espíritus, y no creyeron en la inmortalidad personal y la resurrección del cuerpo (Hechos 23:8).
- Eran oportunistas en la política, y siempre dispuestos a colaborar con el gobierno para mantener influencia y prestigio.
- Tenían una religión fría, limitada a "hacer el bien".

El partido de los saduceos desapareció con la destrucción del Templo de Jerusalén, ya que la función del sacerdocio también desapareció.

Esenios. No se menciona esta secta en el Nuevo Testamento, aunque algunos piensan que Juan el Bautista podía haber tenido alguna relación con ella. Lo poco que conocemos está en el libro "Guerras de los judíos" escrito por el historiador Josefo (nacido en el 37 a.C.).

Los esenios formaban una hermandad estricta, que solamente aceptaba a personas dispuestas a someterse a los ritos de iniciación y las reglas de la orden. Los miembros tenían todas sus posesiones en común, no se casaban y vivían en comunidad de una manera sencilla. Mantenían una conducta y conversación sobrias y disciplinadas. Observaban con cuidado el Sábado, e insistían mucho en la higiene personal.

En teología, los esenios se parecían mucho a los fariseos, porque guardaban la Ley y aceptaban la existencia de lo sobrenatural.

En el año 1947 descubrieron una cantidad de manuscritos antiguos cerca del Mar Muerto. Algunos de los rollos pertenecen al Antiguo Testamento, pero otros describen las creencias y la disciplina de la comunidad de Qumrán. Era una comunidad que se había separado del judaísmo oficial, y que vivía bajo una severa disciplina.

La comunidad de Qumrán tenía una fe más o menos parecida a los judíos en general, y se asemejaba mucho a los esenios. Aunque también entre ellos había diferencias. Por ejemplo, las comunidades de los esenios estaban compuestas solamente de hombres solteros; las de Qumrán tenían también mujeres, y algunos de sus miembros eran casados. Los esenios no mandaban sacrificios al templo, mientras los de Qumrán, sí.

Ambos grupos parecen representar una reacción en contra del ambiente mundano del judaísmo oficial. Algo semejante a lo que vemos en la historia de la iglesia, cuando en reiteradas oportunidades los grupos se han separado en protesta contra la frialdad de la iglesia oficial de su tiempo.

Zelotes. Este término no describe una secta religiosa, sino un partido de nacionalistas judíos fanáticos que buscaban librarse de Roma por medio de la violencia. Sabemos que por lo menos uno de los apóstoles había sido Zelote (Lucas 6:15, Hechos 1:13).

Herodianos. No es demasiado claro el origen ni el pensamiento de los herodianos. Aparentemente no representaban una secta religiosa, ni un partido político, sino una cierta actitud entre algunos de los judíos de influencia y poder. Apoyaban el reinado de Herodes, y como consecuencia, el dominio romano. En esto, representaban una minoría, porque la mayoría de los judíos se oponían fuertemente a Roma. Los herodianos se unían con los fariseos para destruir a Jesús (Marcos 3:6)

4 - La diaspora

En el griego, *spiero* es sembrar, y *diaspeiro* es esparcir, dispersar. Las dos palabras dan la idea de lo que es la diáspora, la dispersión.

En el Imperio Romano, había más judíos fuera de Palestina que adentro. Esta dispersión de los judíos comenzó en el 721 a.C. cuando Sargón, rey de Asiria, conquistó al reino del norte (Israel) y llevó muchos de sus habitantes a colonias en Asiria. Continuó en el 597 a.C. cuando llevaron casi toda la población del reino del sur (Judá) a Babilonia. Luego hubo otras deportaciones hacia allí. Cuando los judíos en Babilonia recibieron permiso para regresar a Palestina en el 537, muchos escogieron quedarse, porque habían prosperado allí.

Durante el período de los imperios griegos, los judíos aprovecharon las oportunidades económicas ofrecidas por los reyes griegos, y se radicaron en colonias griegas por todo el imperio. Específicamente, muchos fueron a Alejandría de Egipto, donde formaron un barrio importante. En ese momento, Alejandría tenía unos dos millones de habitantes.

En el Imperio Romano, los judíos se extendieron aún más lejos, hasta Roma, donde había algo así como 8.000 en el 4 a.C. Hechos 2:9-11 da una lista de los lugares donde había judíos. Su religión se reconoció oficialmente, y en algunos lugares no debieron someterse al servicio militar ni a los tribunales paganos.

Algunos judíos, a causa de la influencia griega, perdieron su fe y sus costumbres. Pero la mayoría se aferraban fuertemente a la Ley de Moisés y a su fe en Dios. Asistían a las fiestas en Jerusalén (Hch 2), guardaban el Sábado y donde les era posible, mantenían sus propias sinagogas.

Los que guardaban su fe formaban dos grupos, según la influencia griega que habían absorbido: los hebraístas y los helenistas (los hebreos y griegos de Hechos 6:1).

Los hebraístas. Guardaban no solamente su fe religiosa judía, sino también el uso de los idiomas hebreo y arameo, y sus costumbres judías. Probablemente la mayoría de los hebraístas vivían en Palestina, pero había muchos, como Pablo de Tarso (Filipenses 3:5 y Hechos 22:3) que guardaban sus costumbres en un ambiente pagano.

Los helenistas. Estos eran los judíos que habían aceptado la cultura griega-romana, y que hablaban griego o un idioma local. Adoptaban las costumbres locales, y se parecían mucho a sus vecinos.

Entre los hebraístas y helenistas componían en el Imperio Romano un grupo de cuatro millones y medio de judíos. No eran aceptados por sus vecinos pues formaban grupos bien cerrados, y nunca participaban en las ceremonias paganas. Pero a la vez recibían el respeto de la gente por ser sobrios, trabajadores y moralmente rectos.

En el Nuevo Testamento leemos de prosélitos y piadosos. Estos eran gentiles atraídos por la fe judía, que adoraban con ellos.

Prosélitos. Eran los que habían aceptado la fe judía, y se habían sometido a la circuncisión y el lavamiento ceremonial para ser recibidos por el pueblo. Podían ofrecer sacrificios en el templo. En teoría, eran iguales a los judíos, pero en la práctica hacían la distinción entre los que nacieron judíos, y los que "se hacían" judíos. Era una discriminación nacional y racial.

Piadosos, también llamados "los que adoraban a Dios". Eran gentiles que aceptaban la enseñanza judía, y adoraban en las sinagogas, pero que no se sometían a la circuncisión. Un ejemplo era Cornelio, el primer gentil bautizado por el Espíritu Santo. (Hechos 10).

Los piadosos y los prosélitos eran los primeros en responder a la predicación de los apóstoles (Hechos 13:43).

La diáspora de los judíos tuvo importancia como un escalón para la evangelización al mundo gentil. Pablo, donde fuera, predicaba primero en la sinagoga, siendo judíos los primeros convertidos. Aunque ellos se oponían a los apóstoles, rechazando finalmente el evangelio, Pablo siempre les daba la primera oportunidad para oir la Palabra, y utilizaba la sinagoga para ganar entrada al mundo gentil con el evangelio.

5 - El año judío

El año judío consistía en doce meses lunares (es decir, el mes judío se extendía por el espacio de un ciclo lunar). De vez en cuando agregaban un mes extra para que su año coincidiera con el año solar. Esto lo hacían más o menos cada tres años.

Los judíos contaban con dos calendarios diferentes: el religioso y el civil. El primer mes del año *religioso* correspondía al cuarto mes del año nuestro, es decir abril. Cuando tenían que agregar un mes, probablemente repetían el último mes del año religioso (marzo).

En la página siguiente hay un calendario del año religioso con comentarios en cuanto a fechas especiales.

De las siete fiestas anuales, las primeras cinco provienen de la Ley de Moisés, y las últimas dos del período posterior al exilio babilónico.

1 - La Pascua. En esta fiesta se celebraba el aniversario de la liberación de los judíos de Egipto (Ex 12:14). Se festejaba ocho días, de sábado a sábado. Por costumbre llamaban el primer día "la pascua egipcia", y a los otros días "la pascua permanente". Se ofrecían sacrificios en el templo todos los días.

2 - Pentecostés, o la fiesta de las semanas (Éxodo 34:22). Esta

El año religioso judío		
Nisan (abril)	**Iyar**	**Sivan** (junio)
14 Fiesta de la pascua.	(mayo)	6 La fiesta de pentecostés, que comienza 7 semanas después de la pascua.
15 Fiesta de los panes sin levadura (parte de la pascua).		
21 Termina la pascua		
Tammuz (julio)	**Ab** (agosto)	**Elul** (setiembre)
Tishiri (octubre)	**Marchesvan**	**Kisieu**, o **Chisieu**
1 y 2 La fiesta de las trompetas (Rosh Hashana), el commienzo del año civil.	(noviembre)	(diciembre)
10 Día de la expiación.		25 La fiesta de la dedicación, o de las luces.
15 a 22 Fiesta de los tabernáculos.		
Tebeth (enero)	**Shebet**	**Adar** (marzo)
	(febrero)	14 Fiesta de Purim.

fiesta celebraba la realización de los primeros frutos de la cosecha, y por eso también se la llamó la fiesta de las primicias. Se festejaba siete semanas después de la Pascua. La palabra "pentecostés" proviene del número de días (50) que hay entre las dos fiestas. Según la tradición, Pentecostés también era el aniversario de la recepción de la Ley en Sinaí.

En el Antiguo Testamento, no se le da el nombre de "Pentecostés". Con excepción de 2 Crónicas 8:13, la fiesta no se menciona fuera del Pentateuco.

3 - Fiesta de las trompetas, o año nuevo. Con esta fiesta comenzaba el año civil, y la celebraban en el templo con el sonido de trompetas, desde la mañana hasta la noche. Eran pocos los peregrinos que iban a Jerusalén para esta fiesta, porque también la celebraban en las sinagogas.

4 - Día de la expiación. En realidad, no era un día de fiesta sino de ayuno. En este día el sumo sacerdote presentaba el sacrificio de expiación por todo el pueblo, y entraba al lugar santísimo con la sangre del sacrificio. También era soltado el chivo expiatorio en el desierto, como señal de que el pecado del pueblo había sido quitado.

En la actualidad, se celebra "Yom Kipper" (llamado también "Fiesta del Perdón"), como un día de penitencia.

5 - Fiesta de los tabernáculos. Con esta fiesta se celebraban dos hechos: Los cuarenta años de peregrinación en el desierto, y la terminación de la cosecha. Durante esos días la gente vivía en chozas hechas de ramas. Una costumbre, que no provenía de la ley, era la de derramar agua sobre el altar. Es probable que esa costumbre motivó la promesa de Juan 7:37-39, en "el gran día de la fiesta" (de tabernáculos).

Las siguientes fiestas se originaron después de la ley:

6 - La fiesta de dedicación, o de luces. Judas Macabeo instituyó esta fiesta en el 164 a.C. para celebrar la limpieza del templo que Antíoco Epífanes había profanado. Todos los hogares se iluminaban bien y la historia de los Macabeos era recitada a los niños.

7 - Fiesta de purim. La palabra viene de un vocablo asirio "pur" que quiere decir "suerte". El origen de la fiesta se encuentra en el libro de Ester 3:7 y 9:24-28. Conmemora la liberación de los judíos, por medio de Ester y Mardoqueo, de la masacre planeada por Amán. El día recibe ese nombre porque Amán echó suerte (pur) para encontrar un día apropiado para su hecho. Era mas bien una fiesta nacional que religiosa.

Las fiestas de los judíos también coincidían con las estaciones del año. Para el israelita, estas estaciones eran parte de la obra del Creador, y existían para el hombre. Manifestaban la bondad del Creador hacia su pueblo. En las fiestas, recordaban no solamente que Dios era un proveedor, sino también como él los había librado para que fueran su pueblo. Las fiestas eran momentos de verdadera alegría.

El exilio y la dispersión son hechos que están bien grabados en la vida de los judíos. Son realidades que fueron transformando la vida del pueblo. Como consecuencia, el judaísmo que encontramos en el Nuevo Testamento difiere del judaísmo del Antiguo Testamento. Hagamos ahora algunos ejercicios sobre lo que hemos visto.

Hemos notado como surgió la sinagoga cuando desapareció el Templo.

1 Explique de que manera la sinagoga ocupaba, en la vida del pueblo judío, un lugar muy diferente al que antes tenía el Templo.

2 Si la sinagoga surgió porque el Templo desapareció, ¿por qué no desapareció la sinagoga cuando fue edificado de nuevo el Templo?

3 ¿Podríamos decir que el local de la iglesia actual desempeña una función similar para el pueblo cristiano y la comunidad, que la que desempeñaba la sinagoga para el pueblo judío?

4 ¿De qué maneras sirvió la sinagoga como "puerta de entrada" para el evangelio? (hay varias contestaciones)

5 Llene el cuadro.

Templo	Construido por:	Año de iniciación:	Año terminado:	Destruído por:	Año:
Primero					
Segundo					
Tercero					

6 Con la ayuda de un diccionario bíblico, escriba los nombres de las diferentes partes del Templo de Herodes en el plano de la siguiente página.

1 -

2 -

3 -

4 -

5 -

6 -

7 Haga una comparación entre los fariseos y los saduceos en cuanto a los siguientes aspectos:
a] La diferencia esencial entre los dos.

b] La razón de su formación como grupo.

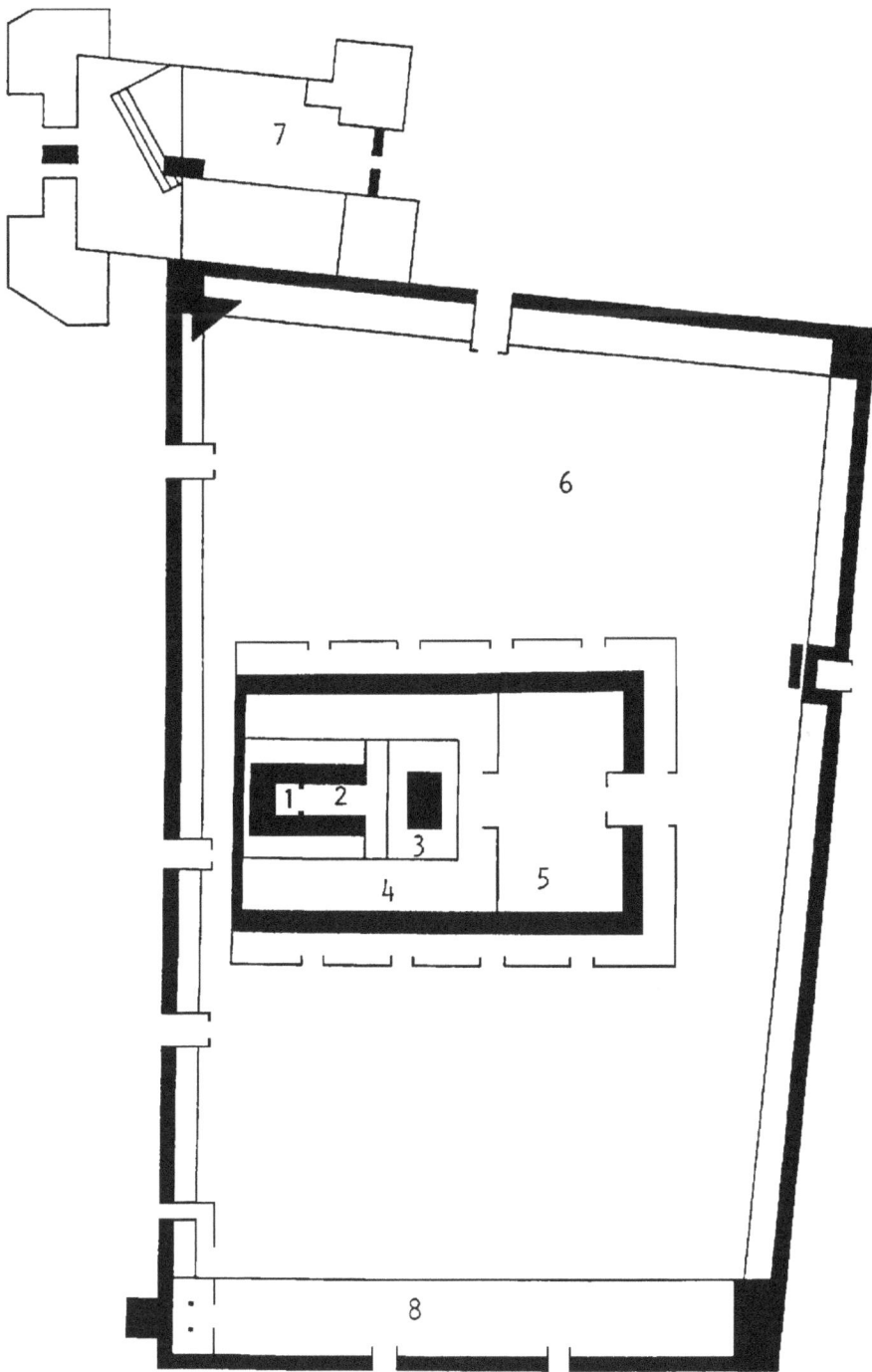

c] La fuente de su teología

d] Su actitud hacia la tradición.

e] Su actitud hacia lo sobrenatural.

f] Su actitud hacia el mundo

8 ¿Cuál puede haber sido la razón de la formación del grupo de los esenios?

9 Entre las iglesias de Latinoamérica, podemos ver que todavía existen representantes de las sectas judías, es decir, cristianos con muchas de las mismas características. Haga un paralelo entre las sectas judías e iglesias de nuestro tiempo, que consideren que tienen características similares.

a] fariseos.

b] saduceos.

c] esenios.

d] zelotes.

Ya hemos visto algo de las causas y extensión de la diáspora en otras lecciones.

10 En general ¿qué trato recibieron los judíos de la diáspora por parte de los gentiles?

11 Hechos 2:9-11 nos da una idea más específica de la extensión de la diáspora. Indique en el mapa de la siguiente página de dónde venían los judíos de Hechos 2.

El Antiguo Testamento habla mucho acerca del extranjero que moraba entre los judíos. Una concordancia nos daría los ejemplos.

12 Según los siguientes pasajes, ¿qué actitud debía tomar un judío frente al extranjero que deseaba ser de ellos? Éxodo 12:48,49; 20:10; Lv 19:33,34; 24:22; Números 15:14-16; 1 R 8:41-43.

13 Sin embargo, según los historiadores, había muchos más piadosos en las sinagogas de la diáspora que prosélitos. ¿Por qué razón?

14 ¿Por qué el año judío es más corto que el nuestro?

15 ¿Por qué el año judío comienza en abril y no en enero (Éxodo 12:2).

16 Lea Éxodo 12, donde se describe la iniciación de la Pascua. ¿Qué tenía que hacer la gente para celebrar la Pascua?

17 Levítico16 describe el día de expiación.

   a] ¿Para qué servía el becerro?

b] ¿Por qué había dos machos cabríos?

c] ¿Qué significaba ese día para el pueblo judío?

Como se puede ver, las fiestas anuales eran una parte muy importante en la vida de los judíos. Pero es imposible que esas fiestas tengan el mismo significado para el pueblo judío hoy.

18 ¿Por qué razón? (Hay más de una)

4   *La geografía de Palestina*

El mundo de la Biblia es realmente pequeño. Toda su historia se desarrolla en la zona donde se unen Africa, Europa y Asia. Y la mayor parte de esa historia se limita a una estrecha franja de unos 300 KM por 150 KM frente al Mar Mediterráneo, comúnmente llamada Palestina.

Aunque el estudio de la geografía puede resultar aburrido para algunos, es una clave para entender gran parte de la historia bíblica. Las características de la tierra, y su clima fueron factores determinantes en la vida de sus pobladores. Por esa razón vamos a bosquejar en esta lección los rasgos principales de la tierra, y mencionar de qué manera afectaron la vida de sus pobladores. A menudo haremos referencia a los mapas que se encuentran en las últimas páginas de su Biblia.

Lo primero que notamos es una tierra con características muy diversas. En su poca extensión encontramos contrastes tales como: valles profundos y elevadas mesetas, llanuras fértiles, desolados y roco-

sos desiertos, un intenso calor y un frío cruel. En solamente 30 KM de distancia encontramos su ciudad más alta, Hebrón a 1000 metros, y el Mar Muerto a 420 metros bajo el nivel del mar.

En segundo lugar notamos que Palestina es un territorio aislado por barreras en los cuatro costados. Lo podemos notar en los mapas de la Biblia. Por el occidente, está el Mediterráneo. Por el oriente, el gran desierto. Por el norte, las montañas de Siria. Y por el sur, el desierto de Sinaí. Y así como está aislada geográficamente, ha existido también durante muchos años de su historia recluída entre las grandes naciones del norte y del sur.

Por su especial ubicación, Palestina también ha servido de puente principal para el comercio y los ejércitos de muchas naciones. Observando un mapa-mundi, nos damos cuenta que Palestina está justo en medio de la única ruta posible entre Africa y los continentes de Europa y Asia. Además está situada estratégicamente para varias rutas entre el oriente y occidente.

Antiguamente, la ruta principal subía desde Egipto siguiendo la costa del Mediterráneo. Entraba hacia el Mar de Galilea por el valle de Esdraelón, y luego subía hasta Damasco donde se empalmaba con las rutas entre el oriente y occidente. Esa ruta era tan importante para las grandes naciones, que ni Salomón pudo controlarla.

Esta ubicación especial de Palestina le traía también dificultades. Los ejércitos de las grandes potencias del norte y del sur tenían que pasar forzosamente por Palestina, y como consecuencia era un objetivo militar de mucha importancia. Ya hemos visto en lecciones anteriores como cambiaba de dueños varias veces.

Una manera fácil de visualizar el aspecto físico de Palestina, es trazar cuatro franjas imaginarias que corran de norte a sur. El dibujo de la página anterior muestra las características de la tierra.

La llanura de la costa está separada del gran desierto por una cadena de montañas. Y esa cadena está dividida profundamente por el valle del Jordán.

Ya que cada franja tiene sus propias características, hemos de describirlas una por una.

La llanura costera

En su parte norte está cruzada por

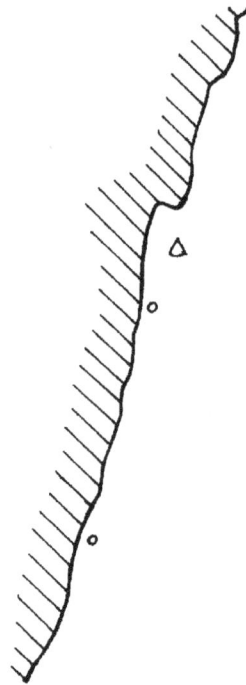

Indique en el mapa:
- Los nombres de las tres ciudades principales.
- El nombre de la montaña principal.

una pequeña cordillera. La ubicación de esa cordillera nos ayuda a dividir la llanura en tres partes.

Encontramos entonces al norte de esa cordillera la llanura de Aser (Josué 17:7,10), con poca referencia en la historia bíblica.

Al sur de la cordillera se extiende la llanura de Sarón (Josué 12:18). En los tiempos bíblicos estaba cubierta por extensos bosques de robles. Actualmente es una de las zonas más fértiles de Israel.

Pasando Jope hacia el sur encontramos la tercera zona, la tierra de los filisteos. Allí estaban las "cinco ciudades de los filisteos" (ver Jueces 3:3) mencionadas en el Antiguo Testamento. La palabra Palestina significa "tierra de los filisteos".

Las colinas que separan la llanura de los filisteos y la meseta de los judíos (zona llamada la Sefala) son difíciles de atravesar. Allí tuvieron lugar muchas de las batallas más famosas de la historia bíblica. Josué peleó allí con los cananeos, y David con los filisteos. Judas Macabeo ganó en aquellos cerros una de sus grandes batallas contra las tropas sirias.

La meseta central

La meseta central tiene una importancia singular, porque allí se desarrolló la mayor parte de la historia de los judíos. En nuestro estudio lo dividiremos en sus tres zonas principales: Galilea, Samaria y Judá.

Galilea está al norte del valle de Jezreel. Es la tierra donde Jesús pasó la mayor parte de su vida. Era bien irrigada y fértil, una de las zonas más pobladas en los tiempos del Nuevo Testamento. En su parte norte, los picos llegan a 1000 m. En su parte sur, como por ejemplo en Nazaret, miden unos 500 m. Desde Nazaret, en un día claro, se puede ver el Mar Mediterráneo a sólo 26 Km al noroeste. Por el sur de Galilea pasaba la importante ruta comercial que unía Mesopotamia con Egipto.

Al dividirse el Reino, después de la muerte de Salomón, el reino de Israel ocupó la parte céntrica de la meseta. Luego, cuando Israel fue eliminada por los ejércitos de Siria, y la mayor parte de la población deportada, los sirios llenaron la meseta con inmigrantes no judíos. De ahí en adelante la zona recibe por su ciudad principal el nombre de "Samaria".

Indique en el mapa:
- Los nombres de las tres ciudades principales.
- Los nombres de las tres montañas principales.
- El valle de Jezreel.
- Las tres zonas principales.

Samaria no solamente era más fértil que la montañosa zona de Judá, sino que estaba mucho más abierto a las influencias exteriores. No tenía las barreras naturales de Judá, y no sólo podía entrar más fácilmente en contacto con los fenicios, los sirios y otras naciones, sino que también tenía menos defensa frente al ataque. Las guerras entre Israel y Siria eran constantes hasta que por fin los sirios conquistaron toda la zona.

Samaria y la parte sur de Galilea han sido las regiones más densamente pobladas de Palestina, sencillamente porque eran las zonas donde más fácilmente se conseguía agua. La gente tenía que depender de fuentes naturales o de pozos para vivir, ya que la mayoría de los ríos tenían agua solamente unos meses del año.

Judá se caracterizaba principalmente por su aislamiento. Formada de una meseta de 600 a 900 m sobre el nivel del mar, estaba defendida en tres lados por barreras naturales. Aunque la principal ruta militar (de la costa del mediterráneo) pasaba cerca, su difícil acceso impidió a cualquier ejército con aspiración de conquista. Solamente quedaba abierta al ataque por el norte, lo que simplificó organizar la defensa nacional.

En realidad, tuvo poca importancia como reino. Pequeña, sin belleza ni grandes ciudades. Pobre, sin fuerza militar. Con poca irrigación. No la atravesaba ningún camino importante. Sin embargo, esa combinación de pobreza y seguridad que le daban sus altas montañas, le ayudó a sobrevivir 135 años a la caída del reino del norte, Israel.

Jerusalén está edificada en una zona montañosa. Es una ciudad que siempre ha sufrido la falta de agua. En sus 4000 años de existencia fue destruída muchas veces. Sin embargo la conocemos como "la ciudad de nuestro Dios", donde él ha concentrado sus actividades entre los hombres.

El valle del Jordán

Sin duda el aspecto más extraordinario de la geografía de Palestina es el recorrido del río Jordán. Nace en las faldas del Monte Hermón, siempre cubierto de nieve, y en apenas 130 Km, las aguas cristalinas se transforman hasta llegar a ser las de un mar muerto.

Su primera parada es el pequeño lago Huleh. Apenas 80 m. sobre el nivel del

El valle del Jordán.
Indique en el mapa los nombres de las dos ciudades principales.

mar, es un lago pantanoso que ha tenido poca importancia en la historia bíblica.

De ahí llega al Mar (o mejor dicho, lago) de Galilea, alrededor del cual nuestro Señor desarrolló la mayor parte de su ministerio. El lago es de aguas azules, y tiene unos 21 Km de largo, y 13 de ancho. Su nivel es 170 m bajo el mar. Famoso por su pesca, donde el Señor encontró sus primeros discípulos. Está rodeado de montañas, y muy a menudo caen de ellas tormentas imprevistas que causan desastres en las flotillas de pescadores. Actualmente la región del lago tiene poca actividad, pero en la época romana había en sus orillas muchos caseríos ricos y era esa la zona más activa y densamente poblada de Galilea.

El río sale por la llanura de Betseán en camino al Mar Muerto. Es rápido, y no navegable. A veces corre por estrechos desfiladeros, donde las rocas lo encierran como murallas. Donde se ensancha un poco, es fangoso y sus márgenes se cubren de selva tropical. En ellos todavía se esconden varias clases de animales salvajes. El valle del Jordán es desolado, sin belleza, e intolerablemente cálido.

Finalmente, el río desemboca en el Mar Muerto. Sin salida, tan saturado de minerales que realmente merece su nombre. No vive en él ningún pez, ni crecen plantas en sus márgenes. Es tan denso que ninguna persona puede sumergirse en sus aguas.

El Mar Muerto está ubicado a unos 420 mts. bajo el nivel del mar, y la temperatura en el verano llega hasta los 44 grados. Con semejante calor, la evaporación del agua es tan rápida que el mar mantiene su mismo nivel a pesar de la entrada del Jordán y de otros ríos pequeños.

El profundo valle del Jordán es parte de una gran depresión que se extiende por más de 6000 Km desde el Asia Menor, a través del Mar Rojo, hasta Africa. Su extensión hacia el sur del Mar Muerto se conoce como el valle de Arabá.

La meseta oriental

La meseta oriental no tuvo gran importancia en la historia hebrea, pues casi toda la actividad se centró al otro lado del Jordán. Allí recibieron su herencia dos tribus y media de Israel (Gad, Rubén y la media tribu de Manasés).

La zona se divide en forma natural por

Indique en el mapa:
- Los nombres de los dos ríos.
- Las tres regiones principales.

los ríos Yarmuk y Jacob en tres partes. Ambos han excavado profundos cañones en su marcha hacia el Jordán, y crean estas divisiones.

Basán, al norte, fue zona de agricultura, especialmente de cereales. Galaad era más bien tierra de frutales y de especias. Aún hoy las uvas de Galaad no tienen rival en toda Palestina. Moab, al sur, era conocida por su ganado.

El clima de Palestina

En cuanto a clima, podemos distinguir tres zonas. Primero, la costa del Mediterráneo. Es una zona templada por el mar, con menos frío en el invierno que en las altas mesetas. Segundo, las mesetas, donde por lo general llueve más. Y tercero, el desierto.

El factor determinante en la vida del pueblo era la presencia —o ausencia— del agua. Se cavaban pozos para el uso personal y del ganado. Los pueblos se formaban naturalmente donde había agua. Por ejemplo, se han descubierto los nombres de unos 70 pueblos antiguos en Palestina que contienen la palabra *ain* (fuente) y otros 60 que contienen la palabra *bir* (pozo)

La agricultura, y el pasto para el ganado, demandaba lluvia, la cual es escasa en la zona. Las áreas de mayores precipitaciones son las del norte de Galilea, donde apenas reciben 900 mm anuales. Alrededor de Jerusalén caen unos 600 mm por año.

Solo una parte del país era útil para la agricultura. Algunos mapas bíblicos indican la fertilidad de la zona y Palestina parece un oasis, una pequeña mancha verde rodeada por desiertos.

Las estaciones del año son bien marcadas. En la práctica, hay solamente dos: la seca y la húmeda, el verano y el invierno. Durante los cinco meses del verano (mayo a setiembre) normalmente no llueve. Se secan la mayoría de los ríos y arroyos, y toda la vegetación muere.

Los agricultores no pueden trabajar hasta la llegada de las "lluvias tempranas", que suavizan la tierra cocida por el sol del verano. Luego dependen de las suaves "lluvias tardías" de marzo y abril para llevar las plantas a su maduración. Esta dependencia de la lluvia la podemos ver en toda la Biblia donde es usada como figura e ilustración.

También podemos ver como el pueblo de Israel dependía de la tierra, y esto se ve reflejado en sus principales fiestas religiosas. La Pascua coincide con las primicias de la cosecha de la cebada, que se ofrecían a Dios. Siete semanas después venía Pentecostés, era al terminar la recolección del trigo. Luego en octubre la fiesta de la vendimia conocida como la fiesta de los Tabernáculos, con la cual terminaba el año.

Por un lado, estas fiestas conmemoraban la acción de Dios a favor de su pueblo. Y por otro, eran las tres fiestas de las cosechas. De este modo Israel honraba a Jehová como Dios de la creación y Dios de la salvación.

Así, en términos generales, es la tierra de Palestina. Hagamos ahora algunos ejercicios basados en esta información y los mapas que tenemos en la última parte de la Biblia.

1   Hemos dicho al describir Palestina, que era un país aislado. ¿Qué razones podemos dar para esa descripción?

2   ¿Por qué es apropiado llamar a Palestina un "puente"?

Hemos indicado cómo simplificar la descripción geográfica de Palestina, dividiéndola en cuatro "franjas". Sugerimos que utilice los mapas de su Biblia para visualizar la situación que plantean las siguientes preguntas.

3   En cuanto a la llanura costera:
   a] ¿Qué característica geográfica determina su límite norte?

   b] ¿Qué característica geográfica determina su límite sur?

4   ¿Qué aspecto de la llanura costera tiene más importancia para el estudio bíblico?

5   La meseta central se divide en tres zonas, que son:
   =

   =

   =

6 ¿Cuál es la característica geográfica que separa la zona norte de la zona central?

7 ¿Qué aspecto físico de Galilea es más importante para el estudio bíblico?

8 Aunque Samaria y Judá compartían una zona montañosa, hay diferencias importantes entre las dos. Indique algunas de esas diferencias.

9 Indicamos que Judá era un reino aislado. ¿Qué beneficios tenía como resultado de ese aislamiento?

10 ¿Dónde nace el río Jordán?

11 En términos generales, ¿cómo es el valle del Jordán?

12 Mencionamos que el río Jordán no es navegable. Aunque no dimos el por qué, hay una razón que podemos notar. La distancia entre el Mar de Galilea y el Mar Muerto es de unos 110 Km. ¿Cuántos metros cae el río en esa distancia?

13 ¿Por qué el Mar Muerto recibe ese nombre?

14 ¿Por qué el pueblo de Palestina dependía tanto de las lluvias?

15 En el mapa de la página siguiente hemos trazado las divisiones principales de Palestina. Son divisiones que a menudo encontramos mencionadas en la Biblia. En base a esta lección y los mapas de la Biblia, escriba estos nombres en sus respectivos lugares.

       1 - Carmelo
       2 - Cerros de Galilea
       3 - Desierto de Judea
       4 - Llanura de Bet-seán
       5 - Llanura costera central
       6 - Llanura de Sefela
       7 - Montañas de Samaria
       8 - Montañas de Judea
       9 - Neguev
       10 - Valle de Arabá
       11 - Valle de Huleh
       12 - Valle de Jezreel
       13 - Valle del Jordán
       14 - Valle de Zabulón

16 Con estos ejercicios tenemos una idea de cómo es la geografía de Palestina. Pero ¿qué valor tiene esta información? ¿Qué beneficios nos da conocer cómo es la tierra bíblica?

Como dijimos al comienzo de esta lección, ésta ha sido solamente una introducción a la tierra de Palestina. Al proseguir los estudios, encontrará más información diseminada en las diferentes materias. Recomendamos el libro que menciona la introducción, el *Atlas histórico de la Biblia*, como libro de referencia sobre el tema.

5   *Religiones y literatura*

Combinaremos dos temas en esta lección: las religiones del mundo del Nuevo Testamento, y la literatura judía. Debemos considerar a ambos, pero no son suficientemente largos como para ocupar una lección con cada uno.

El mundo religioso

Los dioses

Los hombres del mundo mediterráneo de aquel tiempo vivían rodeados de dioses nacionales, como Júpiter, Minerva y Vesta, representando la religión del estado, y se esperaba que todo ciudadano participara en su culto para bien del mismo. A ella pertenecían los dioses de los grandes templos, de los altares y las grandes fiestas nacionales. La lealtad a esos dioses suponía, no tanto una obligación religiosa, sino una necesidad social y nacional. La persona que no participaba en el culto de los dioses era "ateo", y traidor de la nación.

A su vez estaban también los dioses regionales y provinciales. El culto a la diosa Artemisa (o Diana) de Efeso es un ejemplo. Había en la ciudad un templo hermoso con su imagen. Era importante también la industria de pequeñas estatuas que eran vendidas a los turistas y peregrinos. La diosa Artemisa era reconocida en el mundo griego, pero su culto pertenecía a la ciudad de Efeso.

Además las zonas rurales estaban salpicadas de pequeños santuarios y lugares religiosos con los muchos dioses de la tierra. Una fuente de agua, un pequeño bosque, o una colina eran lugares donde se podía encontrar con el dios de los bosques, el de los cerros, o el de la naturaleza. Estaban los dioses que protegían a los artesanos y

Artemisa o Dianaa

negociantes. El éxito en la vida demandaba una buena relación con esos dioses, y la gente regularmente ofrecía flores, granos, queso u otras cosas en sus santuarios.

De esa forma los dioses dominaban la vida de la gente. Algunos de los cuales habían habitado la tierra muchos siglos antes que los dioses griegos. Los griegos trajeron otros dioses, y los romanos a su vez agregaron más nombres a la lista.

En el período del Nuevo Testamento había una tendencia a despreciar el culto de estos dioses antiguos, especialmente por la gente educada. En parte porque se les presentaban como seres inmorales, metidos en peleas infantiles. Por otra parte su culto se caracterizaba por una grosera inmoralidad. Y además, la gente que pensaba reconocía la debilidad de estos dioses frente al mundo y las necesidades de la vida.

El culto al emperador

Si bien la fe cristiana tuvo que competir con esa variedad de dioses existentes, el culto al Emperador era la principal piedra de tropiezo. Muchos de nuestros hermanos pagaron con sus vidas al propagar el señorío de Jesucristo, negando el del César.

El culto al Emperador se desarrolló lentamente. Antes del Imperio Romano, los seléucidos y tolomeos recibían títulos como *kurios* (señor) o *soter* (salvador). En el caso de Emperadores muy respetados, como Augusto o Vespasiano, resultaba un paso fácil inscribirlos después de su muerte a la lista de los que el estado proclamaba divinos. Convenía al Imperio ligar el Emperador con los dioses, sin embargo hubiera sido una ofensa a la tradición romana si durante la vida de un Emperador se lo proclamara "dios". De todos modos, Emperadores como Gayo, Nerón y Domiciano tomaron su "divinidad" demasiado en serio, y exigían de sus súbditos no solo lealtad al Imperio, sino también una confesión de su señorío, y aún libaciones e incienso. No rendirle un culto apropiado al César, implicaba falta de lealtad al Imperio.

El culto a los dioses nacionales y al Emperador, se conocen con el nombre general de "religiones políticas". El estado las mantenía para sus fines políticos, y eran mas bien religiones "sociales" que espirituales. No se esperaba una fe personal de parte de sus seguidores, sino que se les exigía fidelidad en el cumplimiento del culto.

Las religiones de misterio

Al examinar esta época de la historia, vemos que las antiguas religiones nacionales y locales no satisfacían las necesidades de la gente. Tal vez porque eran impersonales, y faltase en ellas el elemento espiritual y subjetivo. De todos modos, vemos que las religiones griegas y orientales de misterio atraían una gran cantidad de personas.

Se llamaban religiones de misterio porque funcionaban como una sociedad secreta, con ritos de iniciación, verdades "ocultas", y membresía voluntaria. Se esperaba que todos participaran en las religiones nacionales, pero las religiones de misterio se limitaban a los "elegidos", a los iniciados, a un grupo separado de las masas.

Ejemplos de esas religiones son el culto a Isis y Osiris que se originó en Egipto; el culto de Mitra de Persia; y el culto de Cibeles, la Gran Madre, de Asia. Todas poseían sus leyendas acerca de su dios o varios dioses, y una serie de ritos sagrados y secretos para alcanzar el favor de ese dios, y en muchos casos, para alcanzar la "inmortalidad".

Ofriciendo culto a Osiris

Aunque formaban una parte importante del mundo del Nuevo Testamento, no encontramos referencias directas a ellas. Por eso no entraremos en más detalles.

El ocultismo

La magia, la hechicería y la brujería son universales, y tan antiguas como la historia del hombre. Representan el esfuerzo del hombre por manejar los poderes y las fuerzas ocultas que le rodean, ya sea para bien, o para mal. Los ritos para aplacar a los demonios eran una parte importante en las sociedades primitivas.

Es interesante que en el Antiguo Testamento encontramos ritos que se practican aún hoy en día. La astrología, el espiritismo y varias formas de exorcismo han cambiado muy poco con los siglos.

En el Nuevo Testamento hay muchas referencias al ocultismo. Por ejemplo, Lucas en Los Hechos nos narra encuentros entre los misioneros y los practicantes de la magia (Hechos 8:9-24 y 13:6-11).

La Biblia condena tales prácticas (Deuteronomio 18:10-12, 20; Miqueas 5:12 y 1 Corintios 10:20,21). No hay duda del engaño y superstición que se encuentra en la magia y el espiritismo, así como también en ellos existe una realidad satánica.

Las filosofías

La filosofía es el esfuerzo humano por encontrar sentido al universo que nos rodea. A veces la filosofía admite la existencia de algún "ser supremo", o dioses de alguna forma, pero esto no es lo más importante. Lo fundamental de la filosofía es que parte desde el intelecto humano solo, para así buscar la verdad.

Tenemos poco contacto directo con las filosofías en la Biblia. El enfrentamiento entre Pablo y los Epicúreos y Estoicos lo comentamos en la materia sobre Los Hechos.

Sin embargo, aunque encontramos poco en cuanto a las filosofías, el Nuevo Testamento nos advierte contra ellas (Colosenses 2:8). Es cierto que representan lo mejor de la sabiduría humana, pero justamente en eso presentan un contraste con el cristianismo. La filosofía comienza con el hombre, para tal vez llegar a Dios. El cristianismo comienza con Dios quien se ha revelado para así llegar al hombre.

Con este breve resumen, podemos apreciar la complejidad de las religiones del mundo bíblico. En comparación, la situación de América Latina es mucho más sencilla. Pensemos ahora sobre lo que hemos visto.

1 Al examinar la totalidad de las distintas religiones, vemos que se pueden dividir en tres o cuatro clases con marcadas diferencias entre sí. Haga una lista de ellas, es decir, de las clases de religiones, indicando en cada caso sus características especiales

2 ¿Qué influencia habrán tenido tantos dioses en la vida cotidiana de la gente?

3 ¿Por qué ofrecer incienso al emperador no creó ningún problema para la gente en general?

4 ¿Por qué mucha gente habrá sentido un atractivo especial hacia las religiones de misterio?

5 De las diferentes formas, o clases de religiones que mencionamos, ¿cuál se asemeja al catolicismo actual? Explique su respuesta.

6 Si usted ha tenido algún contacto personal con la práctica del ocultismo, describa brevemente lo que hacen y creen quienes lo practican.

7 Muchas personas dicen no tener religión, pero seguramente tienen alguna filosofía de la vida. ¿Puede la filosofía ser una religión? Explique.

8 ¿Cuál le parece que es la filosofía más común en nuestros pueblos?

a] Conteste brevemente ¿cuál es la idea de esa filosofía?

b] ¿Cómo afecta esa idea al estilo de vida de la gente?

Observamos que el Imperio Romano permitía mucha libertad religiosa. Sus ciudadanos podían participar en cualquiera de estas religiones.

9 ¿Por qué, entonces, el Imperio no toleraba el cristianismo?

La literatura judía

El Antiguo Testamento tuvo una influencia fundamental en la formación del pueblo judío. Pero además los judíos tenían otros libros de suma importancia para ellos. Eran libros que tenían un valor considerable en la formación del judaísmo en la época del Nuevo Testamento. En esa parte de la lección vamos a dar un vistazo a esos libros. Los podemos dividir en tres grupos: El Talmud, los libros apócrifos y los escritos seudónimos.

El Talmud

El Talmud es, en esencia, un comentario, que contiene mayormente tradiciones judías y elaboradas discusiones sobre esas tradiciones.

Los fariseos tenían muchas tradiciones que eran tan, o más, importantes que la Biblia misma. Podemos diferenciar, según sus orígenes, tres clases de tradiciones:

1 - Los judíos afirmaban que Dios había dado a Moisés muchas más ordenanzas de las que tenemos en la Biblia. Dios se las dio a Moisés oralmente, y él las repitió a Aarón, quien a su vez las repitió a sus hijos, y así sucesivamente. No era necesario comprobar estas tradiciones con las Escrituras; su validez era indiscutible.

2 - La segunda clase de tradiciones incluía todas las ordenanzas que se podían deducir, o que sugería la ley de Moisés. Es decir, la ley de Moisés contenía todo lo básico, pero en sus estudios y discusiones llegaron a la conclusión de que había muchas más ordenanzas implícitas en la ley, que también tenían autoridad. Estas tradiciones necesitaban tener una comprobación bíblica.

3 - La tercer clase consistía en todas las reglas y ordenanzas creadas por los rabinos, o maestros, para "preservar" y proteger los dos primeros tipos de ordenanzas. De estas tres clases de tradiciones, ésta es la única que se podía discutir. Ya que la decisión final en cuanto a estas ordenanzas dependía de la mayoría de los rabinos, reflejaba siempre la práctica aceptada de su época.

De estos tres tipos de tradiciones, entonces, el primero es fijo, dado por Dios, y que nunca cambia. Podían agregar ordenanzas al segundo, aunque era difícil hacerlo. El tercero dependía de la opinión de los maestros judíos en una determinada época. El problema era que esta última categoría tenía, en la práctica, tanta autoridad como las otras dos.

Las tradiciones eran *orales*, es decir, no escritas, hasta el primer siglo a.C. A partir de ahí comenzaron a organizarlas y a escribirlas en códigos. Como resultado de esa recopilación, hay en existencia dos Talmudes. El de Palestina, que se terminó a fines del 4° siglo A.D., y el babilónico, que se terminó aproximadamente al final del 5° siglo A.D. Aunque ambos son incompletos, sirven como regla de conducta para los judíos del día de hoy.

Según la forma en que está escrito el Talmud, se divide en dos

---

partes.

Mishná era la ley oral en existencia hasta el segundo siglo antes de Cristo. Fue recopilada por el rabino Judas el Príncipe. Era breve y precisa. Una vez escrita, fue el texto de las academias de Palestina y Babilonia, de donde luego salieron las dos versiones del Talmud.

Para tener una idea del Mishná, damos un resumen muy breve de sus seis secciones:

- "Semilla", que incluye las leyes de la agricultura.
- "Fiestas", que da las fechas y las ceremonias de los días de fiesta.
- "Mujeres", que tiene que ver con el matrimonio, divorcio, etc.
- "Multas", que tiene que ver con el comercio y asuntos legales.
- "Cosas sagradas" habla de sacrificios, de la primogenitura, del Templo.

- "Purificaciones" trata de todo lo inmundo y los ritos de purificación para las personas y cosas.

Guemará es entonces el término que describe los comentarios e interpretaciones del Mishná por parte de los rabinos entre los siglos 200 y 500 A.D.

El Talmud representa la obra del judaísmo desde los tiempos de Esdras hasta el siglo 6° A.D. Refleja sus costumbres, instituciones y conocimiento. Vemos en él lo que realmente es el judaísmo. Aunque en el tiempo de Jesús el Talmud todavía no existía como tal, la ley oral ya tenía una historia larga, y los rabinos habían hecho sus primeras colecciones del Mishná.

A continuación ofrecemos dos ejemplos de leyendas que se encuentran en el Talmud.

Una buena mujer estaba ya muy entrada en años, y atormentada de graves achaques, enferma en muchas partes de su cuerpo. Un día la pobrecilla fue a ver a un sabio y le dijo:
¡Maestro mío! Estoy cansada de vivir; no disfruto ya de ningún placer en el mundo; no como ni duermo. He vivido demasiado. ¡Oh, si pudiera morir!
El sabio le dijo:
Cuéntame cuáles son tus costumbres cotidianas y las que más aprecias.
Desde mi juventud —respondió la mujer— no he dejado nunca de ir al sagrado templo; y por ninguna necesidad he dejado nunca de ir.
El sabio le aconsejó que dejase esa costumbre.
A los tres días la vieja mujer murió. He aquí que el cumplimiento de la ley da la vida.
(Jalkut, pág 272, 2)

En todas las ciudades de Judea había un festivo revuelo, un incesante trajín para preparar ofrendas y víctimas y llevarlas a Jerusalén, y todos los caminos que conducían a la santa ciudad estaban llenos de solícitos oferentes que hacían resonar los aires con alegres canciones. En medio de este tumulto festivo, el pío Haniná caminaba triste, muy triste, con la cabeza baja. Ardía el buen hombre en deseos de dirigir-

se también a Jerusalén, pero se avergonzaba de ir sin ofrendas. Y no tenía medio alguno de adquirirlas, porque era tan pobre que apenas tenía para sustentar la vida.

El espectáculo de aquel bullicio redoblaba su melancolía, y así salió de la ciudad y fue a sentarse sobre unas ruinas; y allí por entre los escombros daba vueltas apresurado. En uno de sus paseos tropezó con una piedra, se detuvo y le vino a la mente una idea.

Ya que —dijo para sí— no puedo llevar otra cosa, llevaré esta piedra y la consagraré al templo.

Contento con aquella idea, se puso con toda el alma a trabajar la piedra, la limpió, la pulió, la abrillantó y la adornó con bellos colores. Satisfecho de su obra, se dispuso a dar cima a su pensamiento. Pero el pobre hombre no había contado con lo mejor. ¿Cómo llevar aquel grave peso hasta Jerusalén? A este imprevisto obstáculo, el mísero volvió a caer en profunda tristeza.

Entretanto, he aquí que pasan cerca de él dos robustos obreros. Haniná se reanima, los llama y les pregunta cuánto querrían por llevar aquella piedra a Jerusalén.

Cien monedas —respondiéronle.

¡Cien monedas! repite espantado el doctor —No podría daros más de cinco.

Y con lágrimas en los ojos, se apoya en su amada piedra y ruega.

Pasan otros dos obreros, se acercan a él, le preguntan su deseo, le proponen contentarle por la gracia de cinco monedas: se hacen cargo de la piedra, y en un abrir y cerrar de ojos he aquí a todos en Jerusalén.

El piadoso varón va a pagarles, se vuelve y.... habían desaparecido. Eran dos ángeles.

(Chir Achirim Rabá, página 2, 1)

Los libros apócrifos

Durante la época entre los dos testamentos, los judíos siguieron produciendo literatura. De ella, los libros apócrifos son los más conocidos, pues se hayan incluídos en las Biblias católicas, y a menudo se discute su relación con los otros libros de la Biblia. En la lección siete hablaremos de la diferencia que hay entre estos libros y los del Antiguo Testamento.

La palabra "apócrifo" quiere decir "escondido", y su significado actual es *dudoso* o *no comprobado*. Muchos de estos libros circulaban ampliamente y tenían una fuerte influencia en la vida y el pensamiento religioso del pueblo.

Podemos dividirlos en cuatro categorías:

1 - **Históricos**. Los libros 1 y 2 Macabeos están en esta categoría. 1 Macabeos cubre la historia de los judíos desde el 175 al 134 a.C. Es una historia interesante, y muy valiosa para entender esta época de la historia de Israel.

2 - **Leyendas o novelas**. Eran cuentos que combinaban las aventuras de una novela, con una enseñanza espiritual. Dos ejemplos de estos son Tobías y Judit. Ambos libros eran muy leídos.

"Tobías" trata de un judío piadoso en la ciudad de Nínive llamado Tobit. Después de sepultar a unas víctimas de la persecución, pierde la vista. Luego su hijo Tobías emprende un largo viaje a Media para cobrar una suma de dinero que fuera dejada a un amigo de la familia. En el viaje, va acompañado por un ángel disfrazado, y las aventuras que tienen en el camino son entretenidas y edificantes. Luego Tobías vence a un demonio que le amenazaba, y se casa con una bella señorita. En Media consigue una porción especial que utilizará para curar los ojos de su padre. El cuento insta especialmente sobre la vida moral y la vida familiar.

3 - **Libros de sabiduría**. Pertenecen a esta categoría: "La sabiduría de Salomón" y "Eclesiástico". Se los llama "libros de sabiduría" porque son parecidos a nuestros libros de los Proverbios y Eclesiastés.

4 - **Apocalípticos**. Se da este nombre a los libros que pretenden revelar el futuro. Un ejemplo es 2 Esdras, que contiene los símbolos comunes de esta clase de literatura, como son los números místicos, bestias y revelaciones especiales por parte de los ángeles.

Aparentemente, los libros apócrifos no han tenido influencia sobre el Nuevo Testamento. Posiblemente Hebreos 11:5 sea una referencia a Eclesiástico 44:16, pero también puede referirse a Génesis 5:24.

En la iglesia protestante no se les da autoridad a los libros apócrifos, a pesar de que tienen su valor e importancia. Por un lado, nos ayudan a llenar los "400 años de silencio" entre los dos testamentos. Aunque contienen errores, y a veces contradicen a las Escrituras, nos dan una importante información en cuanto a la vida externa del judaísmo, una idea de su pensamiento, carácter e historia.

Por otro lado, nos ayudan a entender el contexto religioso del Nuevo Testamento. Aclaran temas como: la desaparición de la idolatría y el renacimiento de la esperanza mesiánica, y las doctrinas judías acerca de la resurrección y el juicio final.

Los libros seudónimos

Reciben este nombre porque la mayoría de sus autores empleaban nombres falsos o el de algún personaje importante de la historia judía. Un ejemplo sería "Los salmos de Salomón" escrito durante el tiempo de los Macabeos. La mayoría de estos libros son del período entre los testamentos, aunque algunos poseen una clara influencia cristiana. "El martirio de Isaías", por ejemplo, menciona algo de la historia cristiana del 1° siglo.

La diferencia básica que existe entre estos libros y los apócrifos es que estos están incluídos en la septuaginta (aunque no en la Biblia hebrea) y algunos autores los consideraban como parte del canon (lección 7). En cambio los libros seudónimos nunca han sido considerados como parte de la Biblia.

También estos libros se conocen con el nombre de "apocalípticos", porque incluyen "profecías" y lenguaje simbólico.

En general, la literatura seudónima arroja una luz interesante sobre el tiempo de preparación para el evangelio. Era una época donde no había profetas, y el pueblo acataba cada vez más la ley. Fueron tiempos difíciles, y los escritos apocalípticos trataron de buscar una relación entre el camino desastroso de la historia, y las promesas proféticas. Estos libros circulaban ampliamente entre los judíos, y es probable que muchos de los autores del Nuevo Testamento los conocieran. Judas, por ejemplo, cita al libro de Enos (Judas 14,15 y 1 Enos 1:9).

El judaísmo es un ejemplo de una religión con teología (o autoridad) de dos fuentes (como, por ejemplo, la iglesia católica).

10 ¿En qué sentido podemos decir que la autoridad de los judíos se basa en dos fuentes?

11 Es evidente que nuestras iglesias evangélicas también tienen tradiciones, que no siempre concuerdan con las Escrituras.
a] Dé algunos ejemplos de *nuestras* tradiciones.

b] ¿Qué autoridad tienen esas tradiciones en nuestras iglesias?

c] ¿Qué autoridad *deben* tener?

A continuación damos tres ejemplos de interpretación bíblica tomados del Talmud.

Abraham, el jefe de los creyentes, el primer pregonero de la verdad, debió ser, no obstante, el primer hombre.
Pero la mente divina previó que las generaciones caerían en el error. Fue creado por tanto Adán, y Abraham después de él, surgió entre el pasado y el futuro para corregir aquél e iluminar éste.
Fue como la columna que se coloca en medio de la bóveda para apuntalarla; fue como madre, maestra de buenas costumbres dedicada a dar ejemplo a la familia corrompida.
(Rabot, pág. 1, f. 1)

¿Por ventura se sustenta el Señor de la carne y la sangre? ¿Y por qué, pues, ha impuesto los sacrificios a Israel?
El Señor, de otra parte, no ha impuesto los sacrificios, sino que sólo los ha consentido. Así decía Dios a Israel: "No creas que los sacrificios tienen la eficacia de persuadir a mi voluntad; no imagines cumplir por ello un deseo mío. Pues no por mi voluntad, sino por tu deseo sacrificas".
¿Y por qué la ley divina ha permitido los sacrificios?
Un hijo de un rey, en vez de comer en la mesa regia, siempre andaba de orgía con malos compañeros, con lo que adquiría modales y costumbres obscenas. Dijo el rey: "De hoy en adelante mi hijo comerá siempre a mi mesa. Así aprenderá modales y costumbres más decentes y honestas."
Así Israel estaba acostumbrado a ofrecer holocaustos y víctimas a falsos dioses y a demonios; y en esta práctica había puesto mucho amor y pasión. Dijo el Señor: "Ofréceme solamente a mí los sacrificios; así serán al menos ofrecidos al verdadero Dios."
(Jalkut, página 167, 2; y Talmud Menahot, página 110)

¿A qué aluden las treinta monedas del profeta Zacarías? (Zacarías 11:13)
Aluden a treinta justos que se encuentran siempre entre los gentiles y por cuyo mérito se conservan las naciones.
(Talmud Holim, página 82)

---

12 ¿Qué opina usted de esta manera de interpretar la Biblia?

13 Los libros apócrifos tenían también una importante influencia en la vida del pueblo judío, pero una influencia distinta a la que tenía la Mishná. Explique.

14 ¿Cuál es el valor actual de los libros apócrifos?

15 ¿Cuál es la diferencia entre los libros apócrifos y los seudónimos?

16 ¿Que aplicación podemos sacar de esta parte de la lección (la literatura judía) para nosotros y nuestras iglesias?

Nota: Las citas talmúdicas son del libro "Bellezas del Talmud", una selección y traducción de R. Casinos-Assens (Buenos Aires, 1939).

6 *Los manuscritos originales y su transmisión*

En la segunda parte de esta materia, hemos de concentrar nuestra atención en la Biblia en sí. A pesar de tener todos una Biblia, y usarla semana tras semana, pocos sabemos cuál es su origen y por qué podemos confiar en ella.

Comenzaremos en esta lección con las lenguas bíblicas, la transmisión del mensaje, y en que forma ha llegado hasta nosotros.

Estudiaremos por separado el Antiguo y el Nuevo Testamento, pues tienen distintas historias.

El Antiguo Testamento

Los arqueólogos han encontrado muestras de escritos de centenares de años antes de Moisés. Aún es posible que Abraham llevara consigo algunas partes escritas de los primeros capítulos de Génesis cuando partió de la Mesopotamia. Los escritos bíblicos comienzan con Moisés, y en seis oportunidades se especifica que él escribió (Éxodo 17:14, 24:4, 34:27, 28,

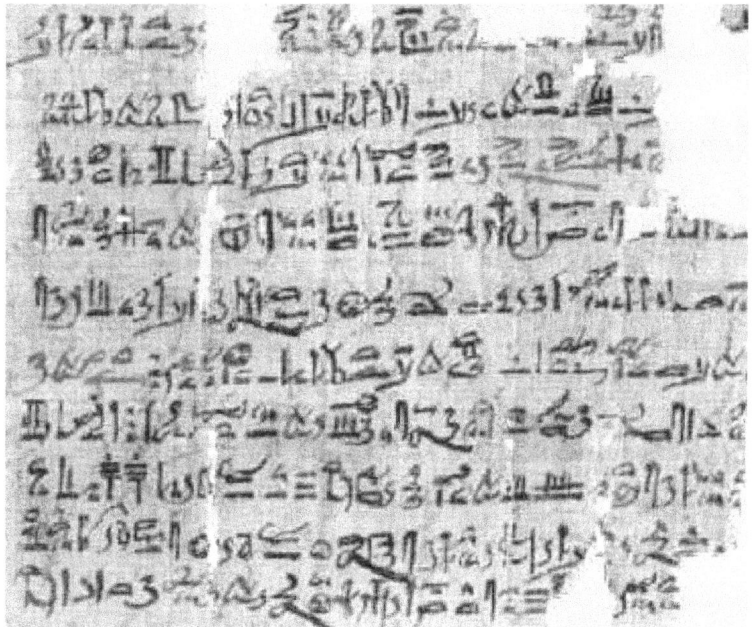

Parte de un texto de Egipto.

Números 33:2, Deuteronomio 31:9,24, 31:22).

Las formas más primitivas de escritura fueron *pictográficas*. Es decir, cada objeto, o idea, tenía su propio signo. En la página siguiente está un ejemplo del egipcio antiguo.

La escritura china es un ejemplo moderno de este tipo. Para aprender a escribir chino, es necesario saber escribir miles de signos

Muestra de pictográficas de Egipto

ideográficos distintos, ya que cada uno representa una idea. Es fácil darnos cuenta por qué solamente sacerdotes y escribas podían escribir en la antigüedad.

Es interesante notar que el origen de la Biblia está ligado estrechamente con el origen del alfabeto. Los arqueólogos han descubierto que la zona Palestina-Siria sirvió de cuna para la revolucionaria idea (en aquellos tiempos) de representar un *sonido* con un signo. Y esa idea dio origen al alfabeto. Decimos "revolucionaria", porque con el alfabeto, la posibilidad de escribir y leer se extendía a toda persona. Aprender a manejar 25 o 30 letras de un alfabeto es algo sencillo en comparación con la memorización de centenares o miles de signos.

Se piensa, entonces, que la escritura utilizada por Moisés era una forma antigua del hebreo de los tiempos de Jesús.

Una de las características del hebreo escrito es que no tiene vocales. Es como si en castellano escribiésemos así:

ST FRS ST SCRT SN VCLS

Con un poco de trabajo podemos entender la frase (¿Intentó hacerlo?). Al conocer nuestra lengua, nos es relativamente fácil llenar los vacíos. Así también se escribía el hebreo, y hasta hoy en día en los periódicos hebreos de Israel se escribe sin vocales.

Pero esta escritura tiene cierta ambigüedad. En varios casos las mismas consonantes podrían representar más de una palabra. Por esta razón seis siglos antes de Cristo se introdujeron diferentes sistemas para la indicación de vocales. El sistema más completo fue utilizado en los manuscritos del llamado "texto masotérico", que

Kaph	Yod	Teth	Cheth
Zayin	Waw	He	Daleth
	Gimel	Beth	Aleph
Taw	Shin	Resh	Koph
Tsade	Pe	Ayin	Samekh
	Nun	Mem	Lamed

proviene alrededor del año 900 A.D.

En esta página damos ejemplos de esos signos, indicando las vocales que conocemos (ellos tienen otras tres que no están en nuestro alfabeto). Las dos letras son S y J. Debemos recordar que escriben de derecha a izquierda.

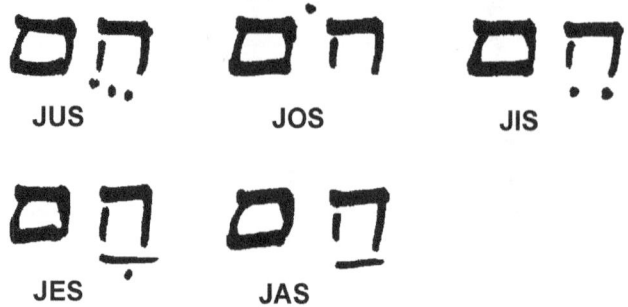

La moderna Biblia hebrea utiliza el mismo sistema.

הֶ ם   ח ם   הֶ ם
JUS   **JOS**   **JIS**

הֶ ם   ם הַ
JES   **JAS**

Debemos mencionar que una parte del Antiguo Testamento está escrita en arameo, el idioma que los exiliados aprendieron en Babilonia (Daniel 2:4 a 7:28 y Esdras 4:8 a 6:18, y 7:12 a 26). Arameo era un idioma muy parecido al hebreo, y que utilizaba el mismo alfabeto. Las palabras "abba" (Romanos 8:15) y "maranata" (1 Corintios 16:22 NVI), que conocemos del Nuevo Testamento, son arameas.

Todas las copias de las Escrituras que se hacian en aquellos tiempos eran escritas a mano. Estaban hechas de dos tipos de materiales. Pablo los menciona en 2 Timoteo 4:13: *Trae, cuando vengas, los libros, mayormente los pergaminos.*

Libros es una traducción de la palabra *biblion*, que significa un rollo de papiro. El papiro es una especie de caña que crece en lugares húmedos. Sacaban la corteza interior, y la secaban. Luego hacían una hilera con las tiras secas, y encima cruzaban otra hilera.

Se cementaba las dos capas de corteza seca y como resultado obtenían un papel primitivo. Se unían los pedazos para formar los rollos, o *biblion*. La cantidad máxima de escritura que podía contener un rollo es igual a uno de los libros más largos del Nuevo Testamento (Lucas, Hechos, etc.).

El papiro es un elemento frágil, perecedero, y solamente en las arenas secas de Canaán y de Egipto hemos podido encontrar pedazos de manuscritos que han sobrevivido a los siglos.

Pergaminos se refiere a la piel de una cabra u otro animal. Por su propia naturaleza es más duradera y costosa. Casi todos

El proceso de preparar el papiro

los manuscritos antiguos que se han conservado de las Escrituras son de pergamino.

Las copias

Tenemos buenas razones para estar seguros que el Antiguo Testamento que utilizamos en el día de hoy es el mismo que utilizó nuestro Señor (tema que ampliaremos en la lección siete). Sin embargo, debemos reconocer que las copias que tenemos de los manuscritos originales no son muy antiguas. La mayoría son escritos posteriores al año 900 de nuestra era, con la excepción de los manuscritos que se encontraron cerca del Mar Muerto (lección 3). Esos rollos contienen una copia completa de Isaías y partes de otros libros que provienen del tiempo de Cristo o un poco antes.

Son varios los motivos por los cuales no existen manuscritos muy antiguos. En su mayor parte se debe a la reverencia casi supersticiosa que tenían los rabinos hacia las copias de las Escrituras. Cuando un manuscrito se gastaba por el uso, literalmente lo sepultaban. Otra razón era que al terminar el texto masotérico (año 900 A.D.) sacaban de circulación las copias anteriores de las Escrituras.

Pero aunque no tengamos copias muy antiguas del Antiguo Testamento, la precisión de nuestra versión es digna de nuestra confianza. Una razón es la reverencia que sentían los judíos hacia la Palabra de Dios. La tarea de copiarla era muy elevada, y el Talmud tenía instrucciones estrictas para hacer las copias.

Las diferencias que existen entre los manuscritos que tenemos son, en general, insignificantes comparado con el contenido total del texto. Gran parte de las diferencias se deben al uso de las vocales, y también los errores que cometieron los escribas a pesar de trabajar con reglas estrictas.

Equivocaciones como:

- Omitir una letra o palabra
- Repetir una letra o palabra.
- Confundir una letra o palabra con otra.
- Omitir un renglón o saltearlo.
- Introducir una nota de margen al texto mismo.

Todos estos son detalles reconocidos fácilmente por los expertos en manuscritos antiguos.

Otras de las razones por las que podemos confiar en el texto bíblico es lo que podríamos llamar el principio de "múltiples testigos", ilustrado con el diagrama de la página siguiente.

El texto masotérico del Antiguo Testamento, reconocido hoy por el judaísmo, proviene de Palestina. Pero como hemos visto, los judíos se dispersaron por todo el mundo conocido. Como resultado tenemos, según su origen, manuscritos de la Biblia con diferentes historias. Quienes trabajan con manuscritos antiguos comparan los textos y resuelven las diferencias según su edad y origen. Cada rama del diagrama es como un "testigo" de los que fueron manuscritos

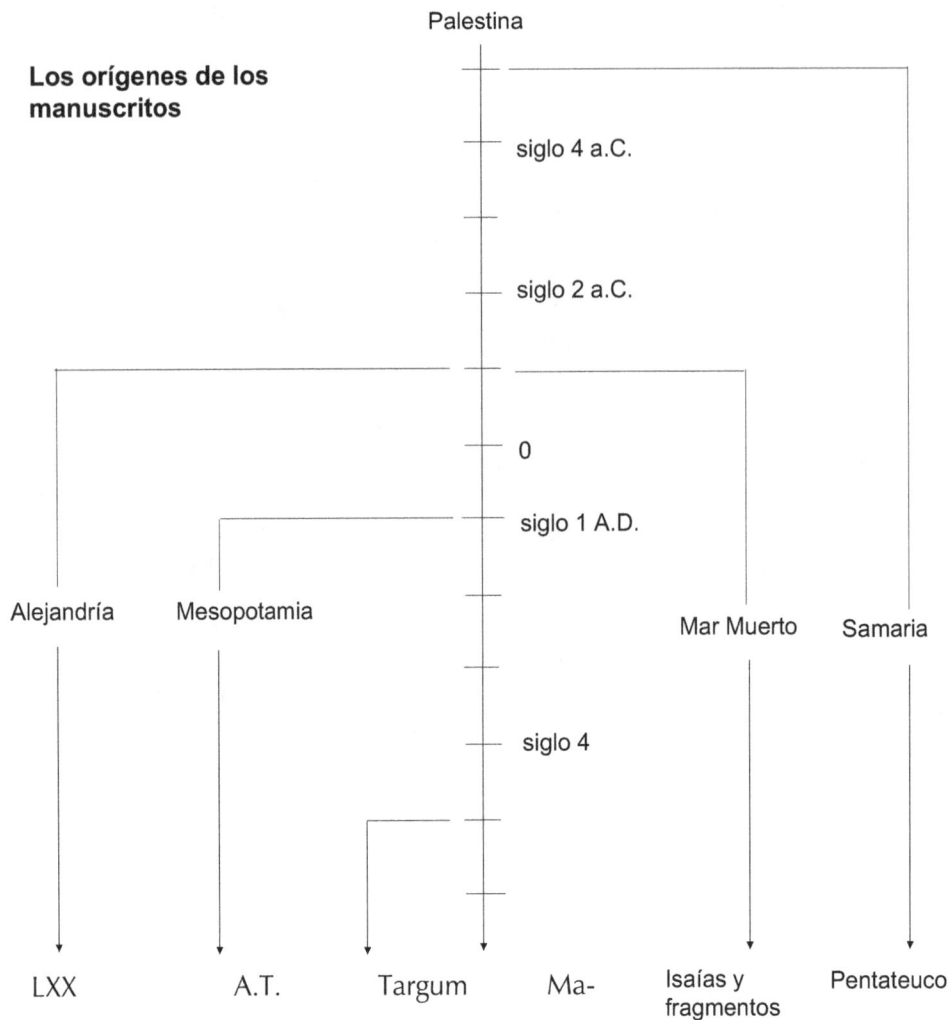

Los orígenes de los manuscritos

Palestina

siglo 4 a.C.

siglo 2 a.C.

0

siglo 1 A.D.

Alejandría   Mesopotamia

Mar Muerto   Samaria

siglo 4

LXX   A.T.   Targum   Ma-   Isaías y fragmentos   Pentateuco

originales.

Resumiremos el testimonio de las seis columnas que componen el diagrama.

1 - La Septuaginta (LXX) o Versión de los Setenta. La LXX es una traducción del hebreo al griego que fue terminada alrededor del año 100 a.C. Era la más reconocida entre las muchas traducciones hechas al griego, y utilizada en Palestina durante el 1er. siglo. Las copias que tenemos de esta versión son del 3° siglo A.D.

Uno de los grandes valores de la LXX para nosotros es que es una traducción de la Biblia hebrea del 1° siglo a.C. Deducimos de esto que el manuscrito utilizado por los traductores tenía 1000 años más que el más antiguo que nosotros poseemos actualmente. Cuando los expertos tratan de determinar la precisión de un manuscrito del Antiguo Testamento, la LXX es una testigo del texto de más antigüedad, además de ser una ayuda para determinar el significado de las palabras hebreas que no nos son comprensibles ahora. Es la versión oficial de la iglesia ortodoxa griega en la actualidad.

2 - La versión mesopotámica, también conocida como la versión siríaca. En el 1° siglo el cristianismo se estableció en la zona de lo que hoy es Irán. Esta es una versión traducida al arameo de esa región. Tenemos manuscritos de casi todo el pentateuco del año 464, y otras partes del Antiguo Testamento del siglo 6°.

3 - Los Targums. El Targum (no lo debemos confundir con el Talmud) es una traducción libre (como una paráfrasis) del hebreo al arameo. La gente común no conocía el hebreo, y fue necesario traducirles las Escrituras. Al principio en forma oral, y luego en forma escrita. Los Targums datan del 1° siglo, pero los que tenemos actualmente fueron escritos en el siglo 5°. Por ser traducciones interpretativas, su valor es limitado.

4 - La versión masotérica. Esta versión es el resultado de un proceso al preparar un texto "oficial" que comenzó en el 1° siglo en Palestina. Primero establecieron un texto sin vocales, y luego con indicación de vocales. El manuscrito más antiguo que tenemos de este texto es del año 916 A.D.

5 - Los rollos del Mar Muerto. Su valor principal es proporcionar un testigo al texto bíblico *antes* de la revisión y corrección que dio lugar al texto masotérico. Estos manuscritos certificaban que el texto (de consonantes) en esencia era el mismo, pero que había mucha variación en cuanto a las indicaciones para el uso de vocales.

6 - El pentateuco samaritano. Tenemos aquí un testigo muy antiguo de los primeros cinco libros de la Biblia. Las copias existentes no son antiguas (12° siglo). Tampoco los samaritanos tenían las mismas exigencias para hacer las copias como los escribas de Palestina. Sin embargo, nos proporcionan un testigo independiente del texto antiguo.

Por supuesto hay otras versiones, pero hemos mencionado las principales.

El Nuevo Testamento

La situación es distinta cuando venimos al Nuevo Testamento. No solamente estamos mucho más cerca de los "originales", sino que tenemos también una gran cantidad de manuscritos.

El Nuevo Testamento fue, por supuesto, escrito en griego. Pero en el tiempo apostólico había, en la práctica, dos clases de griego. Primero, la lengua "clásica", la de los poetas e intelectuales. Era el griego de la literatura. Pero también estaba el griego *koiné*, el idioma del pueblo común, el del mercado. Era el griego del negocio, de los contratos. Podríamos llamarlo el "griego popular".

El Nuevo Testamento fue escrito en ese griego popular, el *koiné*, aunque ciertos libros (como Hebreos) tienden a ser más formales y se inclinan en su estilo hacia el griego clásico.

Como el Antiguo Testamento, el Nuevo fue copiado a mano durante los 1400 años antes de la invención de la imprenta. Tenemos miles de esos manuscritos, y seguramente otros miles se han perdi-

```
                          Teztos originales


1° siglo —>        Occidente    Alejandría      Cesarea      Mesopotamia


4° siglo —>                         Constantinopla


8 siglo —>                            Bizantino
```

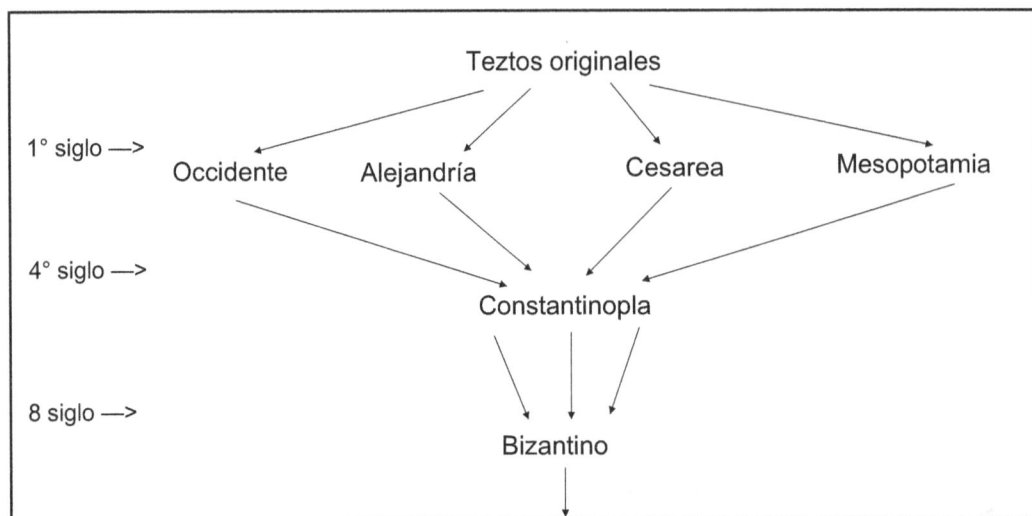

do. Es inevitable que existan diferencias entre estos manuscritos. Pero esas variaciones no afectan en manera alguna su mensaje. Un erudito en la materia (F.J.A. Hort) calculó que de mil palabras sólo se tiene duda de una. En una edición tipo del Nuevo Testamento en griego, los posibles errores llenarían solamente una carilla.

Un proceso histórico parecido al del Antiguo Testamento ocurrió con el Nuevo. Los distintos libros comenzaron a circular entre las iglesias, y como es lógico, a copiarlos en los centros importantes. En la iglesia primitiva no había escribas profesionales, y fue inevitable que paulatinamente se introdujesen pequeños cambios. Este proceso ocurrió durante lo que podemos llamar Período de "divergencia". Lo diagramamos de esta forma: (ver encuadro)

El Nuevo Testamento fue escrito durante el primer siglo. Los eruditos han identificado cuatro centros donde se hacían copias de esos manuscritos: Alejandría (Egipto), Occidente (mayormente Roma), Cesarea y Mesopotamia. Con la paulatina acumulación de cambios pequeños (errores), los textos de estos cuatro centros comenzaron a ser diferentes, no en esencia, pero sí en detalle. Por eso lo denominamos el período de *divergencia*.

En el 4° siglo, Constantino estableció la fe cristiana como la religión oficial del Imperio Romano, y se inició otro proceso que podemos llamar de *convergencia*, es decir que los textos locales dieron lugar a un texto dominante. Así los manuscritos que tenemos del 8° siglo en adelante, reflejan un solo texto que llamamos el texto *bizantino*.

En la actualidad, existen tres fuentes principales de información del texto "original" del Nuevo Testamento:

- Los manuscritos en griego.
- Las traducciones.
- Los padres de la iglesia.

1 - Los manuscritos en griego. Hay más de 4.000 manuscritos en griego del Nuevo Testamento o una parte de él. El manuscrito más antiguo corresponde al 2° siglo. Estos manuscritos proveen abundante material para comprobar el texto bíblico. Se los puede clasificar en cuatro grupos:

HCENCHMEIONₓ̓.
ΓΟΝ·ΟΥΤΟϹΕϹΤΙΝ
ΑΛΗΘΩϹΟΠΡΟΦΗ
ΤΗϹΟΕΙϹΤΟΝΚ°ₑμ°
ΕΡΧΟΜΕΝΟϹ·
Ι͞ϹΟΥΝΓΝΟΥϹΟΤΙ
ΜΕΛΛΟΥϹΙΝΕΡΧₑ
ϹΘΑΙΚΑΙΑΡΠΑΖΕΙΝ
ΑΥΤΟΝΚΑΙΑ͞ΝΑ ᴧΙΝᴧΠΟΙΗ
Ν͞Α ᴧΕΧΩΡΗϹΕΝ ᴄⱳᴄΙΝ Κ͞ΝΥΝΑΙ͞ΡΑϹΙΛΕΑ
ᴧ ΦΕΥΓΕΙΠΑΛΙΝΕΙϹ͞Τ°
ΟΡΟϹΜΟΝΟϹΑΥϹ°ᴄ·

Una porción del manuscrito ALEXANDRINUS: Lucas 12:54-58

- *Manuscritos en papiro.* Tenemos solamente 70 porciones del Nuevo Testamento, debido a la naturaleza perecedera del papiro.
- *Pergaminos en mayúscula.* (250 en existencia) Los manuscritos fueron, hasta alrededor del siglo 9°, escritos en mayúsculas.
- *Pergaminos en minúscula.* (2600) A partir del 9° siglo, se utilizó la letra cursiva, mucho más rápida de escribir.
- *Leccionarios* (2000) Estos son manuscritos donde el contenido del Nuevo Testamento ha sido ordenado para una lectura pública, y no en su correcto orden. Son del 6° siglo en adelante, y por lo general están incompletos. Sirven como comprobación de texto.

En la lista de la página siguiente enumeramos algunos de los manuscritos más importantes. A menudo al segundo grupo se lo llama "códices". Es la palabra técnica para denominar un libro. Los primeros cristianos tenían el Antiguo Testamento en rollos, pero pronto unieron las hojas en la forma que utilizamos nosotros. Un códice podía contener varios libros, pero en cambio, un rollo sólo uno de los largos libros del Nuevo Testamento.

El "número" en la lista es el código con el cual se clasifican todos los manuscritos.

Hemos incluído también en la lista una columna que dice "familia". Esta se refiere a la discusión del diagrama de la página anterior.

2 - Las traducciones. Una traducción es una ayuda relativa en la tarea de establecer el texto original. Sin embargo, si la traducción es lo suficientemente antigua, nos provee una importante información para decidir entre dos posibles versiones de un pasaje. Las tres traducciones que nos ayudan más son:

- *Latín.* Tenemos manuscritos desde el 4° hasta el 7° siglo. Había muchas traducciones hechas al latín, pero en el año 384 el Papa pidió una traducción, que es todavía la Biblia oficial de la Iglesia Católica (La

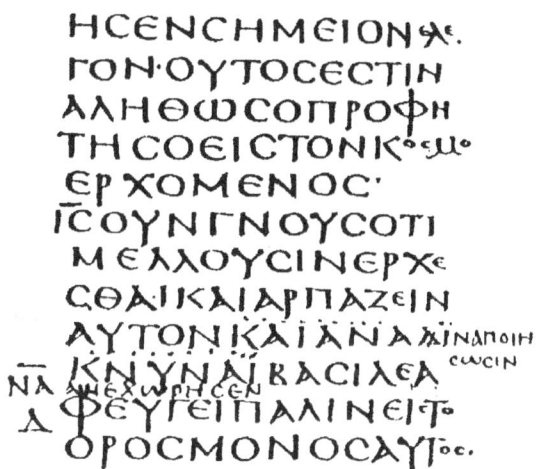

TABLA DE MANUSCRITOS

PAPIROS

Nombre	Número	Fecha	Contenido	Familia
Michigan	P 38	3° o 4° siglo	Hechos 17:27-19:6 y 19:12-16	Occidente
Chester Beatty	P 45	250	Partes de los evangelios, y de Hechos 5:30,17:17	Cesarea
Chester Beatty	P 46	200	Partes de Romanos, Hebreos, 1 y 2 Coorintios, Gálatas, Efesios, Filipenses, Colosenses, 1 Tsesalonicenses	
Chester Beatty	P 47	250	Apocaplipsis 9:10-17:2	Cesarea
	P 48	250	Hechos 23:11-29	Occidente
	P 52	125	Juan 18:31-33, 37, 38	
Vodmer	P 66	200	Juan, pero falta parte de los capítulos 14-21	Alejandría (?)
MANUSCRITOS EN MAYUSCULA				
Siniaticus	Aleph, o 01	350	A.T. y N.T.	Alejandría
Vaticanus	B o 03	350	A.T. y N.T. hasta Hebreos 9:13	Alejandría
Alexandrinus	A o 02	450	A.T. y N.T.	Alejandría
Ephraemi Rescriptus (ver nota)	C o 04	450	A.T. y N.T.	Alejandría
Bazae	D o 05	450	Evangelios y Hechos incompletos. Algunos vv. de 1	Occidente
Washington	W o 032	4° o 5° siglo	Evangelios	Cesarea (?)
Claromontanus	D o 06	6° siglo	Epístolas paulinas	Occidente

Nota: "Rescriptus" significa escrito de nuevo. Se descubrió que se había borrado el texto de la Biblia utilizando los pergaminos para otro escrito. Mediante un tratamiento químico se ha podido volver a leer el original.

Vulgata). Tiene su base de traducción en el texto bizantino.

- *Siríaca*. Es decir, un dialecto del arameo. Ver "la Versión Mesopotámica" del gráfico "Los origenes de los manuscritos" en una página anterior.

- *Copto*. (egipcio). Los egipcios conocían el griego, pero deseaban tener el Nuevo Testamento en su idioma natal. Alrededor del 2° siglo, utilizando las letras griegas, desarrollaron un alfabeto. Usando ese alfabeto, hicieron una traducción de la Biblia. Tenemos manuscritos en copto desde el 4° siglo. Existe todavía una iglesia copta en Egipto.

-

3 - Los "padres" de la iglesia. Se llaman así a los autores cristianos de los primeros siglos de la iglesia. Muchas veces citan el Nuevo Testamento, aunque no siempre en forma directa. Se ha dicho que si hubiéramos perdido todas las copias del Nuevo Testamento, podríamos sin embargo hacer una sacando todas las citas de estos escritores. Los escritos de los padres vienen desde Clemente de Roma (96 A.D.) en adelante.

Todo lo que hemos visto en cuanto a ambos testamentos puede resultarnos chocante si lo estudiamos por primera vez. Pero no es así. Hacemos un resumen de las conclusiones principales de esta lección:

- No tenemos la Biblia "original". Ni tenemos los "libros y pergaminos" de los que Pablo habló. Tampoco tenemos las cartas originales que él escribió.
- Sí tenemos copias —muchas copias— y es necesario entender el proceso histórico que dio como resultado esas copias.
- Repetimos: las "dudas" o "diferencias" que pueden haber son muy insignificantes. Estamos seguros de que el Antiguo Testamento que leemos es el mismo que leyó nuestro Señor, y que en nuestro Nuevo Testamento están escritas las mismas palabras de los apóstoles.

1 Repasemos el proceso histórico que nos trajo la Biblia. Según lo que hemos visto, ¿cuáles son las ventajas de tener el Antiguo Testamento en hebreo, y no en egipcio?

2 Pero también hemos visto que la escritura hebrea tenía una desventaja. ¿Cuál es, y cómo afectó la tarea de encontrar el mensaje original de la Biblia?

3 Frente al problema que presenta la pregunta 2, ¿por qué una traducción como la versión LXX nos provee una ayuda especial?

4 Explique las circunstancias que obligaron a los judíos a crear indicaciones especiales para las vocales en la escritura hebrea.

5 Si Isaías terminó sus profecías más o menos en el año 700 a.C., estime el tiempo pasado entre su profecía, y la copia más antigua que tenemos de ella.

6 Enumere algunas de las razones por las cuales no tenemos copias muy antiguas de los libros del Antiguo Testamento.

7 Explique como funciona el principio de "múltiples testigos".

En la mayoría de los casos, las citas del Antiguo Testamento que encontramos en el Nuevo Testamento vienen directamente de la versión LXX. Algunos han llegado a la conclusión de que debemos dar preferencia a la LXX sobre todos los otros manuscritos.

8 Explique por qué está de acuerdo o no con esta afirmación.

9 En resumen, entonces, ¿cuáles son las razones principales por las que podemos afirmar que nuestro Antiguo Testamento es el mismo que utilizó nuestro Señor?

10 ¿En qué sentido el proceso histórico que nos dio el Nuevo Testamento es parecido al del Antiguo Testamento?

11 Explique:

a] El período de divergencia.

b] El período de convergencia.

12 ¿Por qué se inicia el período de convergencia con Constantino?

13 ¿Qué es un "códice"?

14 Si es cierto que Juan fue el último escritor del Nuevo Testamento, y su evangelio es más o menos del año 90, ¿cuánto tiempo pasó entre los originales de su evangelio y la copia más antigua que tenemos de él?

15 ¿Por qué podemos confiar en que el Nuevo Testamento que tenemos contiene las mismas palabras apostólicas? Hay varias razones.

16 ¿Le parece que es importante tener la información que nos da esta lección? ¿Por qué?

7   *El Cánon de la Biblia*

L a palabra "Cánon" es una palabra griega cuyo significado principal es *regla*. Se la usa en la iglesia cristiana para referirse a la lista de libros que aceptamos como las Sagradas Escrituras. Al hablar del "cánon" de la Biblia, nos referimos a la colección particular de los 66 libros, y las razones por las cuales la Biblia contiene esos libros, y no otros.

Debemos distinguir desde un principio entre los conceptos autoridad y cánon. Un libro es canónico porque tiene autoridad. No tiene autoridad porque está en la lista, sino por el contrario, está en el cánon por su autoridad. Estudiaremos el tema de la autoridad de la Biblia en la siguiente lección.

El Antiguo Testamento

La evidencia que tenemos en cuanto a la formación y contenido del cánon del Antiguo Testamento proviene principalmente de cuatro fuentes:

El Antiguo Testamento mismo. Aunque el Antiguo Testamento habla poco de sí, encontramos amplias referencias a los cinco libros de Moisés (o el Pentateuco) como la Palabra de Dios. Este libro de la ley, por ejemplo, estaba ubicado junto al arca del Pacto en el santuario sagrado. Esdras 7:6 menciona que: Esdras era "escriba diligente en la ley de Moisés, que Jehová Dios de Israel había dado". Además leemos en Nehemías 10:29 que el pueblo se juntó para jurar a "vivir de acuerdo con la ley que Dios les había dado por medio de su servidor Moisés, y a obedecer todos los mandamientos, normas y estatutos de nuestro Señor" (NVI).

No solamente los libros del Pentateuco fueron aceptados como Palabra de Dios, sino también lo fueron las palabras de los profetas que exigían una obediencia absoluta que solo Dios merece.

La evidencia histórica. No sabemos mucho del proceso histórico por el cual se completó el cánon del Antiguo Testamento y cómo fue reconocido por los dirigentes espirituales de Israel. Según la evidencia, no hubo en ningún período de la historia judía del cual tengamos información, una gran discusión sobre la extensión del cánon del Antiguo Testamento Aparentemente no fue puesta en duda la colección de las escrituras del Antiguo Testamento, que la tradición afirma fue realizada y promulgada oficialmente por Esdras, después del retorno del exilio en Babilonia.

Las citas del Antiguo Testamento que se encuentran en el Nuevo Testamento Aunque no se citan ocho de los libros del Antiguo Testamento en el Nuevo Testamento, este hecho no implica que ellos no formaban parte del cánon. Es importante reconocer que para los escritores del Nuevo Testamento, "las Escrituras" eran el Antiguo Testamento Hay centenares de citas del Antiguo Testamento en el Nuevo Testamento, y Pedro (Hechos 1:16), Santiago (Santiago 4:5), Esteban (Hechos 7:38) y Pablo (Romanos 3:2) hablan del Antiguo Testamento como la Palabra de Dios. El Antiguo Testamento siempre es reconocido en el Nuevo Testamento como una unidad, y autoridad divina.

La actitud de nuestro Señor. Seguramente una de las razones principales de aceptar al Antiguo Testamento como la Palabra de Dios es porque nuestro Señor lo aceptó, citándolo numerosas veces, e insistiendo más de una vez en que todo iba a cumplirse.

El Señor condenó de varias maneras la tradición judía, pero nunca cuestionó la selección de libros que fueron incluidos en el cánon. Al contrario se quejó de que ellos, con el agregado de sus tradiciones, invalidaban la Palabra de Dios. Pero en cuanto al cánon, éste confirmó su tradición (Mateo 5:17,18), no porque fuera una tradición, sino porque supo por sus propios medios que era correcto.

En resumen, podemos afirmar que la Biblia hebrea, desde los tiempos del Señor, ha sido la misma hasta hoy.

El Nuevo Testamento

La autoridad suprema para los primeros cristianos no era el Antiguo Testamento, sino Jesucristo, su Señor. No predicaban el Antiguo Testamento, sino testificaban de Jesús, quién había venido para cumplir la ley y los profetas. El era quien daba la interpretación autoritativa del Antiguo Testamento, hasta anular aun ciertos preceptos (Marcos 7:19).

Es lógico, entonces, que las palabras de Jesús fueron preservadas y citadas por la iglesia. Así Marcos en Roma escribió el evangelio que había escuchado muchas veces en la predicación de Pedro. Luego apareció el evangelio escrito por Mateo en el oriente, basado en una colección de los "hechos de Jesús", que probablemente fueron apuntes que tomó el mismo Mateo. Lucas, el compañero de Pablo, escribió para los lectores gentiles dos libros que cubren el período desde Juan el Bautista hasta la prisión de Pablo. Y hacia el final del siglo, Juan escribe sus propias memorias y reflexiones sobre la vida de su Maestro como complemento de los otros evangelios.

Entre las iglesias circulaban junto con estos relatos de la vida y enseñanzas de Jesús, las interpretaciones apostólicas de esos relatos. Reconocían así la autoridad apostólica para interpretar y aplicar los principios del evangelio a la vida cristiana y prácticas de las iglesias. Es de esperar entonces, que en cada iglesia se comenzara a formar sus propias colecciones de esos escritos.

No sabemos exactamente cuando los escritos cristianos llegaron a tener una autoridad igual al Antiguo Testamento Cuando se escribía un evangelio, seguramente era utilizado en su iglesia de origen, y luego copiado para ser usado en otras iglesias. La colección de las cartas paulinas debe haber comenzado en vida del apóstol. El mismo pidió a dos iglesias que cambiasen copias de sus cartas (Colosenses 4:16). El libro de Los Hechos seguramente iba acompañado del evangelio de Lucas.

En principio, una iglesia tendría algunas cartas apostólicas, y tal vez uno o dos evangelios. Luego, durante el segundo siglo, la mayoría de las iglesias tendrían un cánon con los cuatro evangelios, Los Hechos, trece cartas de Pablo, 1 Pedroedro y 1 Juan. Había siete libros que no gozaban del reconocimiento general (Hebreos, Santiago, 2 Pedro, 2 y 3 Juan, Judas y Apocalipsis). La iglesia occidental, por ejemplo, tenía dudas en cuanto a Hebreos (tal vez porque no se nombra su autor), y la iglesia oriental dudaba del Apocalipsis. A su vez, algunos autores cristianos aceptaban ciertos libros apócrifos como canónicos, aunque la gran mayoría los rechazaban.

Conviene aquí notar otro aspecto de la situación histórica que nos ayuda a entender el proceso que llevó más tarde a lo que es el Nuevo Testamento En aquellos días, había muy pocos libros, y casi nadie tenía el privilegio como nosotros de leer libros en su casa. En las iglesias era natural, entonces, la lectura de libros de valor junto con las Escrituras. En consecuencia, el número de libros leídos en las iglesias era superior al número de los libros canónicos.

No debe sorprendernos entonces, el hecho de que cuando se formaron los primeros códices, incluyeron algunos de los libros no canónicos. El códice Alejandrinus, por ejemplo (ver lección 6), contiene una carta de Clemente, obispo de Roma, escrita alrededor del año 95, llamado "la segunda epístola de Clemente", y una colección de himnos judíos del 1° siglo llamado "los salmos de Salomón". Este era el caso también de una iglesia cerca de Antioquía donde solían leer por el año 190, un escrito llamado "el evangelio según Pedro", hasta que el obispo de Antioquía descubrió que era un escrito hereje. Toda esta situación nos ayuda a comprender por qué había cierta confusión entre los libros canónicos y los no canónicos, y por qué fue necesario hacer una clara distinción entre ellos.

Durante el tercer siglo, y una parte del cuarto, se aclaró la situación de los libros disputados. Se reconocieron a algunos como canónicos, y otros como apócrifos. Eusebio de Cesarea (murió en el año 340) hizo un estudio cuidadoso del asunto. En su libro Historia Eclesiástica cita a algunos autores anteriores, y hace un resumen de sus opiniones. En base a sus investigaciones, dividió los libros en tres clases:

1 - Los 22 reconocidos generalmente como canónicos. Entre ellos estaban: los cuatro evangelios, 14 cartas de Pablo (incluyendo a Hebreos), 1 Juan, 1 Pedroedro y Apocalipsis.
2 - Cinco aceptados ampliamente (aparentemente por Eusebio también), pero discutidos por algunos: Santiago, Judas, 2 Pedro, 2 y 3 Juan.
3 - Cinco inaceptables: Los Hechos de Pablo, Hermas, el Apocalipsis de Pedro, Bernabé y el Didaque. Eusebio comenta: "Tal vez se debe agregar a esta lista el Apocalipsis de Juan, ya que algunos lo rechazan, mientras otros lo aceptan".

Podemos ver que menciona lo que en esencia es nuestro cánon hoy. Después de la muerte de Eusebio, hubo muy poca variación en las opiniones. En el occidente, el cánon de los 27 libros que conocemos fue aceptado por un concilio en el año 393. En el oriente, el primero en nombrar estos 27 libros fue Atanasio. Lo hizo en un escrito en el año 367. Aunque algunos en la iglesia de oriente guardaban dudas en cuanto al Apocalipsis, luego la mayoría de las iglesias de allí aceptaron el mismo cánon. Las iglesias de Siria aceptaron durante una época solo 22 libros, y demoraron unos siglos antes de reconocer los demás. Parte de esa demora se debió a que las iglesias orientales de Siria habían perdido contacto por mucho tiempo con el mundo cristiano.

Varios factores exigieron una definición en cuanto al cánon. Por un lado, la existencia de varias sectas con sus propios libros, creó la necesidad de distinguir entre los libros aceptables, y los no aceptables. También en los tiempos de persecución, los creyentes tenían que saber qué libros podían entregar a la policía imperial, y cuáles eran los que tenían que esconder a toda costa.

El criterio principal que seguían para determinar si un libro tenía o no autoridad, era la apostolicidad. En ese caso podía ser utilizado en las reuniones de las iglesias para la lectura pública. La relación entre Marcos y Pedro, y Lucas y Pablo, confirmaban la autoridad apostólica a sus escritos. La conformidad del libro con la enseñanza de las demás escrituras, y su aceptación y utilización en las iglesias eran otros criterios utilizados.

La demora en la formación del cánon es un testimonio del cuidado y vigilancia que tuvieron los primeros cristianos en la recepción de los libros que pretendían ser apostólicos. La colección de libros del Nuevo Testamento llevó tiempo, a pesar de que la necesidad de una regla escrita de la fe existiese desde los tiempos apostólicos. Básicamente, nadie creó el cánon, sino que eran reconocidos como canónicos los libros que la iglesia ya había aceptado.

La fuerza motriz detrás de todo esto indudablemente es Dios. Los libros del cánon fueron inspirados por él, tema que hemos de explorar en la lección siguiente. También el Espíritu Santo obró en los corazones de sus hijos para que aceptaran esos libros en particular, y se sometieran a ellos como la Palabra de Dios. Dios obró no solamente en la preparación de los libros, sino también en su selección: "...él os guiará a toda verdad" (Juan 16:13).

Reflexionaremos ahora sobre esta información.

1 ¿Por qué tenemos que distinguir entre la autoridad de las Escrituras y el cánon?

Una comprobación de la autoridad de los libros del Antiguo Testamento son las reiteradas citas que encontramos en el Nuevo Testamento Pero hay 8 libros que no se citan (Ester, Eclesiastés, Cantares, Nehemías, Abdías, Nahum y Sofonías).

2 Explique si esto implica que su lugar en el cánon es dudoso.

Es importante recordar que antes de la formación de los primeros códices, cada libro era un rollo de papiro o de pergamino. Es muy probable que hayan juntado en una misma caja todos los rollos que se leían en la iglesia.

3 A la luz de esto, ¿por qué el hecho de que los primeros cristianos comenzaran a juntar libros en códices puede haber afectado bastante en la formación del cánon?

4 Explique por qué en un sentido, es más fácil defender el cánon del Antiguo Testamento que el del Nuevo Testamento

5 Dé las distintas razones por las cuales se vio la necesidad de la formación del cánon del Nuevo Testamento Hay varias.

6 En 2 Pedro 3:15,16 hay por lo menos dos datos importantes relacionados con la formación del cánon. ¿Cuáles son, y por qué son importantes?

7 Varios libros demoraron más que otros en ser reconocidos para el cánon. Por ejemplo:

a] *2 Pedro*. La objeción era una aparente diferencia de estilo entre 1° y 2° Pedro. ¿Cómo 1 Pedro 5:12 puede solucionar ese problema?

b] *2 y 3 Juan* no eran muy conocidos por las iglesias. Mire de nuevo esos dos libros, y explique las razones por qué estos no serían muy utilizados en ese entonces.

c] *Hebreos* estuvo bastante tiempo en la lista de los libros dudosos. Una de las principales razones fue que su autor era desconocido. ¿Por qué, entonces, luego se lo aceptó?

8 Actualmente se discute si en la Biblia se debe o no incluir algunos libros apócrifos.

a] ¿Qué razón habría para incluirlos?

b] ¿Qué razón habría para no incluirlos?

c] ¿Cuál es su opinión personal en la cuestión?

9 Una pregunta bastante discutida desde la Reforma es: ¿La Biblia surgió de la iglesia, o la iglesia de la Biblia? ¿Qué piensa usted? Explique su respuesta.

8 *Revelación e inspiración*

En la lección anterior examinamos el proceso que dio como resultado la colección de 66 libros que llamamos la Biblia, y notamos en forma especial que la canonicidad de un libro depende de su autoridad. En esta lección examinaremos los dos conceptos que le dan a la Biblia una autoridad única: la revelación y la inspiración. Revelación, inspiración, autoridad y cánon son conceptos que están íntimamente relacionados entre sí. Pensemos en el primero de ellos:

Revelación

La idea de revelación en la Biblia es la de descubrir algo escondido, para que podamos verlo y conocerlo. En el Nuevo Testamento hay muchas palabras que expresan la idea de revelación, como por ejemplo: manifestar, aclarar, demostrar, explicar. El título del último libro de la Biblia es una palabra griega que significa "revelación" y viene del 1° versículo, donde Juan comienza diciendo: "La revelación (**apokalupsis**) de Jesucristo..."

Vemos que cuando la Biblia habla de revelación, comunica la idea de que Dios el creador manifiesta su poder y gloria, su naturaleza y carácter, su voluntad, planes, etc. Es decir, se manifiesta a sí mismo a los hombres. En este sentido podemos decir que es una "autorrevelación".

Podemos dividir la revelación de Dios en varias facetas, y conviene que las examinemos separadamente.

A - La revelación general

El término "revelación general" se usa para describir cómo Dios se revela a través de la creación. La Biblia nos menciona esa posibilidad varias veces. Veamos unos ejemplos.

1 Según los siguientes pasajes o versículos, ¿qué podemos conocer de Dios fuera de las Escrituras?

a] Salmo 8

b] Salmo 19:1-4

c] Salmo 104:24

d] Hechos 14:15-17

e] Hechos 17:24-29

f] Romanos 1:19,20

g] Romanos 2:14,15

2 Haga un resumen con los datos de la pregunta anterior en sus propias palabras.

La Biblia afirma que el hombre debe saber algo de Dios por medio de la creación, sin embargo, es un conocimiento muy limitado.

3 Piense bien. ¿Cuáles son los principales aspectos de Dios que *no* podemos conocer por medio de la revelación general?

La existencia de una estatua nos revela que existe un escultor, y nos demuestra algo de su capacidad creativa. Esta escultura no nos ayuda a saber *cómo es* el artista. Tanto puede ser una persona muy buena, como muy mala, un atleta como un semiparalítico. La escultura solamente nos revela su capacidad artística.

4 Existen otras razones por las que no podemos conocer a Dios por medio de la revelación general. ¿Cuáles son según las siguientes citas?
a] Job 11:7-9

b] Isaías 55:8,9

c] Juan 1:18

d] 1 Timoteo 6:16

e] Con estos datos haga un resumen en sus propias palabras:

5 Una tercera razón la encontramos en las siguientes citas. Explique en cada caso por qué el hombre puede saber acerca de Dios, y sin embargo no conocerlo.
a] 1 Corintios 2:14

b] 2 Corintios 4:4

c] Romanos 1:21,22

d] Haga un resumen de estas tres citas:

6 De acuerdo a lo estudiado y según su opinión: ¿Es adecuada la revelación general para que el hombre pueda encontrar la salvación? Explique su respuesta.

B - La revelación en el Antiguo Testamento

Hebreos 1:1 afirma que Dios se reveló de una manera personal "muchas veces, y de muchas maneras" a través del Antiguo Testamento. Desde Génesis, en un trato directo con los patriarcas y otros personajes, hasta los profetas, vemos como Dios manifestó progresivamente su persona y voluntad a un pueblo. Ese pueblo debe su existencia a la revelación de Dios, y a través de él la revelación de Dios se extendió a todas las naciones.

7 Según los siguientes pasajes, ¿qué medios utilizó Dios para revelarse y comunicar su voluntad?
   a] Génesis 37:5-11

   b] Isaías 6

   c] Génesis 22:11,12

   d] Jeremías 7:24-26

Pero esta variedad en los medios de revelación creó un problema, pues a menudo abundaban los falsos profetas y soñadores de sueños. Así como Juan advirtió: "Amados, no creáis a todo espíritu, sino probad los espíritus si son de Dios", encontramos también que en el Antiguo Testamento había maneras de probar a los que pretendían tener revelaciones de Dios.

8 Deuteronomio 13:1-5 y 18:20-22 nos dan las principales pautas que utilizaban para probar a los que decían tener revelaciones. Explique en sus propias palabras a qué pruebas debían someterlo.

En realidad, la revelación que Dios da de sí mismo en el Antiguo Testamento es mucho mas amplia de lo que la mayoría de la gente piensa. Es por nuestra falta de conocimiento del Antiguo Testamento que no nos damos cuenta de la riqueza y amplitud de esa revelación.

9 Como ejemplo de esto, anote los aspectos del carácter y persona de Dios que encontramos en los siguientes pasajes.
a] Éxodo 15:11

b] Éxodo 34:14

c] Números 11:1

d] Nehemías 9:17

e] Salmo 35:10

---

f] Salmo 86:5

g] Salmo 145:17

h] Jeremías 31:3

i] Números 23:19

C - El Verbo de Dios

Aunque podemos conocer a Dios por la revelación que de él tenemos en el Antiguo Testamento, es distinto lo que encontramos en el Nuevo. Leamos otra vez en Hebreos 1:1,2 "Dios habló muchas veces y de muchas maneras... pero *ahora* nos ha hablado por su Hijo", y la revelación a través del Hijo es, por varias razones, mucho más completa.

10 A continuación, indique, en cada caso, por qué la revelación por el Hijo es mayor que la revelación del Antiguo Testamento.
a] Juan 1:18 y 14:7-11

b] 2 Corintios 4:4, Colosenses 1:15, Hebreos 1:3

c] Colosenses 1:19 y 2:9

d] 1 Corintios 1:24, Colosenses 2:3

e] 1 Timoteo 2:5

f] 1 Juan 1:1-3

11 Ahora, explique en sus propias palabras, en qué aspectos es superior o distinta la revelación de Dios en Jesucristo a las formas anteriores.

D - El futuro

En Cristo contemplamos todo lo que estamos en condiciones de recibir de Dios en esta vida, pero todavía nos queda un paso más.

12 Explique en sus propias palabras lo que sugieren los textos de 1
Corintios 13:9-12 y 1 Juan 3:1,2 en cuanto a la revelación de
Dios.

Estas cuatro facetas de la revelación que hemos examinado son
progresivas, es decir que parten de algo sencillo, "primitivo", hacia
algo más complejo. El Dios inaccesible para los hombres (1 Timoteo
6:16), se revela progresivamente a su creación con el fin de formar
para sí un pueblo que responda a esa revelación con arrepentimien-
to y obediencia.

13 En forma de resumen, anote a continuación la característica
principal de cada faceta que hemos examinado, es decir, la par-
ticularidad de cada una.
a] Revelación general:

b] El Antiguo Testamento:

c] El Verbo:

d] El porvenir:

Hay aún una quinta posición que encontramos en América Latina. No es común entre las iglesias evangélicas, sin embargo aparece a menudo en periódicos y revistas. Pedro Arana en el libro "El debate contemporáneo sobre la Biblia" (Ediciones Evangélicas Europeas, página 77) lo resume así:

Dios se revela en la historia de la humanización del hombre. La humanización viene a ser el proceso de liberar al hombre de las estructuras que le oprimen y explotan. El medio para conseguir esta liberación es la revolución. Esta lucha revolucionaria tiene que ver con la transformación de la actual sociedad injusta en una sociedad justa. Luego, Dios se nos revela en los movimientos y en las personas que luchan por la humanización del hombre. Dios se revela, así, en la revolución y en los revolucionarios.

14 Arana, por supuesto, no está de acuerdo con esta posición que expone. Piénsela bien usted. ¿Por qué es esta una posición equivocada sobre la revelación de Dios?

Inspiración

Si aceptamos que Dios se ha revelado a los hombres, entonces es lógico que esa revelación permanezca. El proceso que Dios utilizó con los escritores del Antiguo y Nuevo Testamentos para darnos esa revelación en forma escrita la llamamos "inspiración".

El texto clave de este concepto es 2 Timoteo 3:16, donde Pablo dice que "Toda la Escritura es inspirada por Dios". Y es importante notar que esa palabra "inspirada" en la lengua griega original significa literalmente "exhalar". Es decir, que las Escrituras son como una exhalación de Dios, algo que procede de él.

La Biblia nos da de esto abundante testimonio.

15 Por ejemplo, ¿qué nos enseñan los siguientes versículos en cuanto a la inspiración? Éxodo 7:1 (note también los versículos 8, 14, 19, etc.) Deuteronomio 18:18, 2 S 23:2, Jeremías 1:9.

16 Veamos otra serie de pasajes. Note con cuidado en cada caso el contexto y quien está hablando. Isaías 5:3, 10:5, 27:3, Jeremías 5:7, 16:21 (y hay muchos otros pasajes parecidos).
a] ¿Quién habla en cada caso?

b] ¿Qué diferencia hay entre esta serie de citas, y las de la pregunta anterior?

En el Antiguo Testamento encontramos como: "Así dijo el Señor", o "La Palabra del Señor vino sobre mí" más de 3800 veces, y también algo parecido encontramos en el Nuevo Testamento.

17 Busque los siguientes versículos, y explique que aporte dan al tema de la inspiración. Hechos 4:25, 28:25, Hebreos 3:7, 10:15.

Otro buen ejemplo es Hebreos 1. Siete veces se hace referencia a lo que Dios dijo, pero si buscamos esos pasajes en el Antiguo Testamento, vemos que no siempre era Dios el que hablaba. Es decir, que el autor de Hebreos consideraba que *todo* el Antiguo Testamento fue dicho por Dios.

18 Elabore una "paráfrasis" de 2 Pedro 1:20,21. Es decir, escriba su propia versión de estos dos versículos.

El testimonio bíblico es claro, aunque sólo hemos visto una parte. Dios, en su sabiduría, canalizó su revelación por autores humanos, comunicándola así a nosotros, los humanos, en un lenguaje y conceptos que nos son comunes. La Biblia tiene autoridad porque es la inspirada revelación de Dios.

Antes de terminar la lección, debemos tomar en cuenta algunos problemas relacionados con la naturaleza de la inspiración, tema del que hablaremos en la siguiente lección. Solamente nos limitaremos ahora a señalar dos maneras que *no* son adecuadas para describir la inspiración de Dios.

La primera posición, que algunos de los reformadores aceptaron, afirma que la Biblia fue literalmente dictada por Dios. Los escritores tenían una parte completamente pasiva, como si fueran una máquina de escribir, un grabador. Según esta posición, la Biblia fue totalmente escrita por Dios, y no tiene ninguna participación humana.

19 Piénse bien. ¿Qué razones tenemos para afirmar que esta posición se halla en un extremo y no es correcta?

La segunda posición afirma que la Biblia ha sido inspirada, tal como lo fue Don Quijote de Cervantes, o el Martín Fierro de Hernández. Es decir, que Dios iluminó a los autores de la Biblia, para que escribiesen el libro más maravilloso de todos los libros jamás escrito antes por el hombre. En cada libro podemos ver su autor humano, pero éste escribe movido por su visión de Dios.

20 ¿Qué razones hay para afirmar que esta posición tampoco es correcta?

Reiteramos que ninguna de estas dos posiciones es correcta. En ambas se distorsiona la relación dinámica que existía entre el Espíritu creativo y el autor humano. El Espíritu Santo preparó, enseñó, movió, llenó al autor humano. Pero el mensaje fue expresado en palabras humanas, reflejando así la educación, forma de expresarse y aun la personalidad de su autor. "Hombres de Dios hablaron... inspirados por el Espíritu Santo" (2 Pedro 1:21).

21 Terminamos con una pregunta más. Se ha dicho que "nuestra actitud hacia Dios se manifiesta en nuestra actitud hacia la Biblia". Explique por qué está, o no de acuerdo con esta afirmación.

9   *La autoridad de la Biblia*

El tema de la autoridad de la Biblia, en cierto sentido, es muy sencillo. La estudiamos porque estamos convencidos de que por ella Dios nos habla, y queremos escucharle y obedecerle mejor. Podemos resumir y concluir estas tres lecciones (7 a 9) con Deuteronomio 29:29.

1   Según este versículo (Deuteronomio 29:29):

    a] La verdad de Dios se divide en dos partes. ¿Cuál es la diferencia entre ellas?

    b] ¿Qué propósito tiene cada una?

Como hemos destacado varias veces, se reconoce la autoridad del libro porque su autor tiene autoridad. En el Antiguo Testamento Jehová es quien habla. En el Nuevo, nuestro Señor Jesucristo y sus delegados.

Un erudito de la Biblia (James Packer, bien conocido en el mundo de habla inglesa) sugiere que la autoridad de la Biblia es resultado de varios factores, que debemos tomar en cuenta en su conjunto. Los siete factores que él sugiere son:

Primero, el hecho de la inspiración. Lo que dicen las Escrituras, es lo que Dios ha dicho, por esta razón la llamamos la Palabra de Dios. Toda otra fuente de verdad tiene que someterse a ésta, y toda norma de conducta debe examinarse a su luz.

Segundo, la existencia del cánon. Sin duda había otros escritos inspirados. El Antiguo Testamento habla de otros libros, y sabemos que no tenemos todas las cartas de Pablo. Lo que afirmamos no es que todo libro inspirado esta en el cánon, sino que todo libro del cánon que actualmente reconocemos es inspirado.

Tercero, es el Espíritu Santo quien nos confirma la autoridad de las Escrituras. Son muchas las razones para creer que la Biblia es la Palabra de Dios, pero el testimonio del Espíritu Santo es el que realmente nos convence. Por esto la importancia de 1 Corintios 2.

Cuarto, sostenemos que las Escrituras son suficientes para nuestra creencia y vida. Seguramente no nos dicen todo lo que quisiéramos saber, ni tampoco contestan todas nuestras preguntas, pero tenemos en el libro todo lo que necesitamos para conocer a Dios, y vivir una vida agradable a él.

Quinto, afirmamos que las Escrituras son claras, y que toda persona puede entender lo esencial. Por supuesto hay cosas difíciles, y como decimos en el punto anterior, hay muchas cosas que no vamos a entender en esta vida. Pero, la persona que busca con sinceridad en la Biblia conocer a Dios y su voluntad, la ha de encontrar. Lo esencial es claro.

Sexto, reconocemos que hay un elemento misterioso en las Escrituras. Pues, a pesar de ser un libro humano, es mucho mas que eso. Nos revela a Dios, aunque es imposible alcanzarlo a conocer completamente por medio de las palabras humanas. Hay una cantidad de cosas que no vamos a entender, no porque la revelación sea inadecuada, sino sencillamente porque nuestra mente humana no puede concebir muchas cosas referentes a Dios y sus propósitos. Recuerde Deuteronomio 29:29.

Séptimo, la obediencia que debemos a las Escrituras es someter tanto nuestra mente como nuestra vida a ellas. Si la Biblia es la Palabra de Dios, someternos a sus enseñanzas es someternos a Dios.

2 Antes de seguir adelante, pensemos un poco en estos siete factores. A continuación hay una serie de pasajes que comentan o apoyan estas siete facetas. Indique en cada caso a cuál de ellas corresponde.

a] 2 S 23:2._____

b] Mateo 11:25._____

c] Lucas 24:44,45._____

d] Juan 14:13._____

e] Juan 14:21,31_____

f] 1 Corintios 13:9,12_____

g] Gálatas 1:9_____

h] Efesios 3:4,5_____

i] 1 Tesalonisenses 2:13_____

j] 1 Timoteo 3:16_____

k] 2 Timoteo 3:15_____

l] Santiago 1:22_____

m] 1 Juan 2:27_____

En esta lección, hasta ahora, hemos manejado conceptos conocidos por la mayoría, y estaremos de acuerdo en que la Biblia es la Palabra de Dios, luz para nuestro camino, regla para nuestras vidas.

Pero en el mundo evangélico hay un importante debate sobre la autoridad de la Biblia, que afecta directamente la interpretación bíblica. Se lanza a la arena la pregunta de: ¿Tiene la Biblia autoridad en *todo* lo que dice?

Contestar esta pregunta no es tan fácil como parece, por varias razones que luego hemos de ver. En los debates sobre la autoridad de la Biblia, se discuten conceptos como "infalible" y "sin error". ¿La Biblia no tiene ningún error? Depende de como definimos un "error". Y ¿qué pasa si encontramos un "error"? ¿Sería esa una razón para desechar nuestra fe? (Quizás usted nunca ha tenido que enfrentar estas preguntas, pero son demasiado comunes)

Para entrar en el debate, tal como se desarrolla comúnmente en el mundo evangélico, tendríamos que dedicarle al asunto varias lecciones. Preferimos acercarnos al tema por otro camino, evitando el de la polémica. Estamos convencidos de que ninguno de los extremos que mencionamos en las preguntas 19 y 20 de la lección anterior es correcto. De la misma manera que nuestro Señor fue completamente humano, también era mucho más que eso; igualmente la Biblia es un libro humano, sin embargo, no sólo un libro humano.

Tenemos que tomar muy en cuenta la mezcla de lo divino y lo humano cuando hablamos de la autoridad de la Biblia. Afirmamos que ella es autoritativa en *todo* lo que dice, porque es la Palabra de Dios. Sin embargo para entenderla, tenemos que tomar en cuenta también su naturaleza humana. Sugerimos algunas pautas que debemos observar para encontrar el equilibrio entre estas dos naturalezas. Son las siguientes:

Primero

Note de nuevo 2 Pedro 1:21. Son *hombres* los que hablaron, siendo inspirados por el Espíritu Santo. Si la Biblia fuera un libro dictado, tendríamos un solo estilo y uniformidad en su vocabulario. Pero no es así. Podemos ver esa diferencia al comparar el estilo de Judas con 1 Juan, y es aún más notable en el griego original.

Las Epístolas son cartas, y los escritores hablan de sus amigos, de viajes, de asuntos personales. Son cartas, que el Espíritu Santo utilizó para comunicar la revelación de Dios a las iglesias.

En su lectura, encontramos a menudo detalles que nos revelan la presencia de un autor humano, que no estarían en el libro si Dios lo hubiera dictado de una manera mecánica.

3   ¿Qué aspectos humanos encontramos en las Epístolas al leer las siguientes citas?
a] Romanos 16:22

b] Filipenses 2:25-27

c] 1 Timoteo 5:23

d] 2 Timoteo 4:13

e] Flm 23

f] 3 Juan 13,14

4 Explique lo que significa esta frase: "La Biblia es autoritativa en todo lo que dice, pero tenemos que tomar en cuenta que fue escrita por hombres."

Segundo

Los hombres, al escribir la Biblia, no lo hicieron en castellano, sino en su propio lenguaje. Es importante reconocer esto, porque cada idioma tiene sus características particulares que son parte del pensamiento de su pueblo.

En muchos casos los traductores han tenido que interpretarnos los textos.

Por ejemplo, Romanos 16:4 dice literalmente: "Quienes, en beneficio de mi vida, pusieron sus propios cuellos..." Los traductores no han distorsinado las Escrituras por haber traducido esto de otra manera, sino sencillamente han expresado la misma *idea* del original en nuestro idioma. A veces vamos a encontrar cosas que nos parecen raras, o difíciles, por el sencillo hecho de que la Biblia es una traducción.

Veamos algunos ejemplos donde encontramos la expresión que en nuestra Biblia refleja su origen de otro idioma.

5 A continuación, en cada versículo encontramos una expresión que hubiera sido clara, entendible y normal para la gente de aquellos días, pero que no resulta tan normal para nosotros. Explique en cada caso la *idea* de la expresión.
a] Mateo 10:34

b] Lucas 23:31

c] 2 Corintios 3:15

d] 2 Corintios 6:11

En la siguiente lección, y en la materia Estudio Bíblico, hablaremos más de las diferencias de idiomas, y los problemas de traducción.

6 Explique lo que significa esta frase: "La Biblia es autoritativa en todo lo que dice, pero tenemos que tomar en cuenta que fue escrita en distintos idiomas al nuestro".

Tercero

Los escritores de la Biblia hablaron en términos de *su* cultura. No debemos olvidar que ellos vieron al mundo de una manera bastante diferente a nosotros, y esa visión inevitablemente se extiende a sus escritos. Muchos de los supuestos "errores" de la Biblia desaparecen cuando tomamos en cuenta esta diferencia. Veamos algunos ejemplos.

Jesús afirmó que iba a estar en el sepulcro tres días y tres noches (Mateo 12:40). Sin embargo, según Marcos 15:42, sepultaron a Jesús el viernes por la noche (el día de reposo, o el sábado, comenzaba al caer el sol), y él resucitó el domingo.

Según *nuestra* manera de calcular, estuvo sepultado apenas un día y medio, lo que parece ser una contradicción.

Para un judío de aquella época, esto no hubiera sido un problema. Ellos calculaban parte de un día como el día entero. Es decir, que si Jesús estuvo en la tumba parte del viernes, el sábado, y parte del domingo, la suma serían tres días según sus cálculos.

Con nuestros relojes electrónicos, y cintas metálicas que miden hasta un milímetro, juzgamos fácilmente a la Biblia por no reflejar esa misma precisión.

Por ejemplo, el "mar" de 2 Crónicas 4:2 (RV) tenía un diámetro de 10 codos. Los estudiantes de geometría dirían que su cordón tendría que haber medido 31,4 codos, no 30 codos como el versículo dice. ¿Un error? No, sencillamente las medidas son "redondeadas", adecuadas en su tiempo.

Mateo 13:31 y 32 nos presenta otra clase de problema. Aunque existen más de una variedad de semillas de mostaza, sin ninguna duda esta *no* es la más pequeña que existe en el mundo. Aparentemente podemos pensar que Jesús "se equivocó", pero la solución a este problema es sencilla.

7 Veamos si usted la puede encontrar. Mire de nuevo estos versículos. ¿Se equivocó Jesús o no? ¿Por qué?

8 Explique lo que significa esta frase: "La Biblia es autoritativa en todo lo que dice, pero tenemos que tomar en cuenta que fue escrita por hombres que vivían en una cultura muy distinta a la nuestra".

Cuarto

Los escritores de la Biblia lo hicieron con un propósito que se refleja en sus escritos. Pensemos principalmente en los libros históricos, que no fueron escritos como "historia" en el sentido moderno, sino como un testimonio de la actuación de Dios en la historia. Por eso vemos que:

- No siempre dicen todo lo que podrían haber dicho (Juan 20:30). Otras veces omiten detalles que para nosotros hubieran sido interesantes o importantes.
- Muchas veces nos dan un resumen de lo que se hizo y dijo.
- No siempre presentan los hechos en su correcto orden. Por ejemplo, seguramente Jesús no contó todas las parábolas de Marcos 4 en la misma oportunidad, sino que Marcos las agrupó por unidad de tema.

Una de la principales reglas de interpretación bíblica, es que debemos juzgar un pasaje según la intención de su autor. Por ejemplo, un científico del siglo XX no puede exigirle a Moisés una descripción de la creación según las teorías y conceptos de la ciencia moderna. Lo escrito por Moisés es verdadero, según su intención y manera de expresarlo.

9 Escriba en cada cita el título que pusieron sobre la cruz de Jesús, según los cuatro evangelistas.
a] Mateo 27:37

b] Marcos 15:26

c] Lucas 23:38

10 Con los datos de la pregunta anterior:
a] ¿Cuál fue el título que realmente colocaron sobre la cruz de Jesús?

b] ¿Por qué hay tantas diferencias entre los evangelios?

11 Podemos encontrar otros ejemplos parecidos. Veamos uno más: Explique la diferencia entre Marcos 14:30 y Lucas 22:34.

12 Explique lo que significa esa frase: "La Biblia es autoritativa en todo lo que dice, pero hay que tomar en cuenta la intención de cada escritor."

Quinto

Recordamos que nuestra Biblia es una traducción de copias de los documentos originales, tema que vamos a explorar en la siguiente lección.

Nuevamente afirmamos que la Biblia no fue un libro dictado mecánicamente por Dios, ni tampoco un libro escrito según el parecer de los hombres, sino que es un libro donde se expresa la revelación de Dios *por medio* del hombre, y *para* el hombre.

La Biblia es correcta en cuanto a lo que dice de Dios, el hombre y la vida. Las posibles diferencias de detalles, o contrastes con el mundo del siglo XX, se explican fácilmente cuando entendemos a los autores humanos y sus intenciones.

La naturaleza de la Biblia como revelación inspirada de Dios es la base de su autoridad, y observamos esa naturaleza en distintas maneras. Por ejemplo:

- Su unidad de tema. La Biblia es un libro escrito durante 1.500 años, y por cuarenta distintos autores humanos, sin embargo, demuestra una unidad asombrosa en el desarrollo de sus temas principales.

- El cumplimiento de la profecía. El hecho de que hombres de Dios profetizaron cosas que se cumplieron con toda fidelidad centenares de años después, es una comprobación clara de la naturaleza divina del libro.
- La veracidad de su historia. Hace un siglo, muchos críticos afirmaban que una buena parte de la Biblia era pura fantasía. Pero ahora es fácil demostrar una conformidad exacta entre la historia real y sus personajes, los lugares y los hechos de la Biblia.
- Su poder para cambiar vidas. Un fenómeno que no sucede con ningún otro libro.

Es correcto que nos sometamos a la Biblia por ser Palabra de Dios como estos y muchos otros datos lo demuestran. Pero también es correcto que interpretemos la Biblia a la luz de su naturaleza de libro escrito por hombres, tema que hemos desarrollado parcialmente en esta lección. No hay contradicciones entre estas dos posiciones. Por el contrario, al tomar en cuenta esta doble naturaleza del libro, es cuando realmente lo comprendemos.

13 Como último ejercicio, explique en sus propias palabras el significado de esta afirmación: "La Biblia es un libro que expresa la revelación de Dios *por medio* del hombre, y *para* el hombre".

10 *Las traducciones de la Biblia*

Alguna vez nos habremos preguntado la razón de por qué hay tantas versiones de la Biblia. En castellano podemos reunir fácilmente más de diez, entre traducciones católicas y protestantes. En inglés son tantas (por lo menos 40) que uno no sabe cuál elegir.

Sin lugar a dudas es *necesario* que haya nuevas traducciones. Que las hay en exceso, es otro tema. Son dos las razones principales para que no exista una traducción "oficial", única y permanente.

Primero, el idioma castellano se va modificando y evolucionando constantemente. Cada traductor escribió lo que era claro y entendible para la gente de su época. Pero con los años, la lengua de un pueblo cambia, y esa traducción queda atrás; esto lo entenderá claramente quien ha tratado de leer una obra como El Mio Cid en su versión original.

Para tener una idea de lo que decimos, copiamos a continuación unos versículos de la traducción de Casiodoro de Reina que salió a la luz en 1569. El pasaje es 1 Corintios 13:1-3.

> Si yo hablaffe lenguas humanas y angélicas: y no tega charidad, foy metal q reffuena, o campana que retiñe. Y fi tuuieffe prophecia, y entendieffe todos los myfterios, y toda fciencia: y fi tuuieffe toda la fe, de tal manera q trafpaffaffe los montes, y no tenga Charidad, nada foy. Y fi repartieffe toda mi hazienda para dar de comer a pobres: y fi entregaffe mi cuerpo para fer quemado, y no tenga Charidad, de nada (me) firue.

1 Este es un pasaje que entendemos bien, porque lo conocemos. Pero ¿cuántas palabras utilizó aquí Casiodoro que no se usan actualmente, o que ahora tienen otro significado?

El problema existe aún en la revisión de 1960 publicada por las Sociedades Bíblicas. Son muchas las personas que al leerla, no la entienden, sencillamente porque el lenguaje les resulta incomprensible. Se utilizan palabras que no nos son comunes hoy en día. Además las oraciones formuladas con el pronombre "vosotros" confunden, y repetidas

Síntesis histórica de la Biblia en español		
1280	La Biblia Alfonsina	Primera versión al español. Fue tomada de la Vulgata Latina, y realizada bajo los auspicios de don Alfonso Xk rey de Castilla y Aragón
1430	La Biblia del Duque del Alba	Versión auspiciada por el rey Juan II de Castilla, directamente del hebreo, realizada por el rabino Moisés Arragei.
1543	El Nuevo Testamento	Traducido por Francisco de Enzinas (evangélico).
1553	La Biblia de Ferrara	Antiguo Testamento, traducido por Abraham Usqui y Tom Aias (judíos) en Ferrara, Italia.
1556	El Nuevo Testamento de Enzinas	Revisado por Juan Pérez de Pineda (evangélico), quien agregó su propia versión de los Salmos.
1569	La Biblia del Oso	Traducción de Casiodoro de Reina, y publicada en Basilea, Suiza.
1596	El Nuevo Testamento	Versión de Casiodoro de Reina, y revisada por Cipriano de Valera. Publicado en Londres.
1602	La Biblia del Oso	Revisión de Cipriano de Valera, publicada en Amsterdam.
1793	La Biblia	Versión de Felipe Scio de San Miguel (católico). Publicada en Madrid.
1825	Sagrada Biblia	Traducida por Felix Torres Amat (católico).
1859	El Nuevo Pacto	Versión del Nuevo Testamento de Guillermo Noeton (evangélico), publicada en Edimburgo, Escocia.
1893	Versión Moderna	Traducida por el doctor H.B. Pratt (evangélico) y publicada por la Sociedad bíblica Americana.
1903	El Nuevo Testamento	Versión de Juan de la Torre, publicada bajo auspicios de la Iglesia Católica Romana, en Buenos Aires.
1916	El Nuevo Testamento	Versión hispanoamericana, traducida por una comisión evangélica.
1919	El Nuevo Testamento	Traducido por Pablo Besson (evangélico), publicada en Buenos Aires.
1928	El Nuevo Testamento	Traducción del doctor Guillermo Junemann (católico), publicada en Concepción, Chile.
1944	Sagrada Biblia	Traducida por Eliono Nácar Fuster y Algerto Calunga (católicos), publicada en Madrid.
1947	Sagrada Biblia	Traducida por José María Bover y Francisco Cantera (católicos), publicada en Madrid.
1948	El Nuevo Testamento	Traducción del doctor Juan Staubinger (católico), publicado en Buenos Aires.
1951	Sagrada Biblia	Traducción de Juan Straubinger (católico), publicada en Buenos Aires

1954	El Nuevo Testamento	Publicada por la Asociación para el formento de los estudios bíblicos. Esta traducción fue hecha por un grupo de profesores católicos y publica dn Madrid.
1960	Biblia del Oso	Revisión de 1960
1964	Sagrada Biblia	Editorial Herder (católica) publicada en Barcelona.
Ver nota 1		

veces la construcción de las frases es demasiado compleja para el lector común.

No decimos esto condenando a la versión de 1960, sino indicando sencillamente que esa versión, como cualquier otra, llega a ser anticuada con el paso del tiempo.

Segundo, el conocimiento de las lenguas bíblicas y del texto original van en aumento año tras año. Los descubrimientos arqueológicos proveen información acerca de los pueblos antiguos y sus culturas. Descubrimientos de manuscritos, como los del Mar Muerto (lección 6) ayudan en la tarea de encontrar el texto original de la Biblia. Los traductores modernos tienen muchos recursos que no tuvo Casiodoro de Reina.

2 La Biblia que la mayoría de nosotros poseemos (RV) es una revisión de la traducción hecha por Casiodoro de Reina. Busque en sus primeras páginas y anote los años en que ha sido revisada.

Hay personas que rechazan las versiones modernas, pero se olvidan que no hace mucho, la versión antigua que utilizan ahora fue también moderna en su tiempo. Recuerde esto:

Si la Biblia es realmente la Palabra de Dios para el hombre, entonces debe comunicarse en el lenguaje actual del hombre.

La primera traducción completa de la Biblia en castellano fue hecha por Alfonso el Sabio en el año 1280. Fue tomada, no de las lenguas originales, sino de la Vulgata.

Pero la traducción que más nos interesa es la de Casiodoro de Reina. Casiodoro tuvo contacto con figuras de la Reforma en España, y

LA BIBLIA,
QVE ES, LOS SA-
CROS LIBROS DEL
VIEIO Y NVEVO TE-
STAMENTO.

Trasladada en Español

רבר אלהינו יקום לעולם

La Palabra del Dios nuestro permanece para siempre. Isa. 40.

M· D· LXIX·

por ellas conoció las doctrinas de Cristo. Al aceptar esas doctrinas, le resultó peligroso vivir en su país, y tuvo que abandonarlo. Se estableció en Inglaterra.

Durante varios años trabajó en la traducción de la Biblia, y como dijera él: "Exceptuando el tiempo empleado en viajes y el que estuve enfermo, no se me cayó la pluma de mi mano durante nueve años enteros". En el año 1596 pudo reunir suficiente dinero para publicar su traducción.

La tirada fue de 2.600 ejemplares, de los cuales todavía se conservan unos pocos. Su traducción es conocida con el nombre de "Biblia del Oso", porque tiene en la portada el grabado de un oso junto a un árbol (ver página anterior). Casiodoro comenzó cada capítulo de su Biblia con largas introducciones, intercalando notas marginales para explicar el significado de las "palabras de dudoso sentido".

Otro nombre muy conocido por quienes aman la Biblia es Cipriano de Valera. Fue un joven monje español, quien aceptó el evangelio en el monasterio de San Isidro, centro de la Reforma en España. Como muchos otros, debió huir de su país.

Le tocó a él hacer una revisión de la traducción de Casiodoro, la cual mejoró mucho. Suprimió las notas marginales y abrevió las introducciones. En 1596 imprimió el Nuevo Testamento, y en 1602 la Biblia completa. Es esta la versión, que con sus distintas revisiones, ha llegado hasta nosotros.

En la página anterior ofrecemos una lista de las principales traducciones que circulaban en buen número además de las ya mencionadas.

3   De esa lista:

a] ¿Cuántas son revisiones de traducciones anteriores?

b] ¿Cuántas son obras católicas?

c] ¿Cuántas son obras evangélicas?

d] ¿Cuántas fueron publicadas originalmente en América Latina?

e] Hay una sola que tiene el título "Versión Moderna". ¿Cuándo fue publicada esa versión?

4 ¿Qué actitud debemos asumir frente a las versiones católicas? ¿Podemos utilizarlas, o sería mejor usar sólo las traducciones evangélicas?

La Biblia en castellano ha experimentado su historia, y como indicamos antes, el paso del tiempo siempre ha de exigirnos nuevas versiones.

Al llegar al tema de las versiones modernas, y las diferencias que hay entre ellas, nuevamente tenemos que ocuparnos del problema de las traducciones. La meta de un traductor, sin duda, es transmitirnos las *ideas* del original. Las ideas que están en palabras y conceptos de otra lengua y pueblo. Su tarea es dar esas mismas ideas para otro pueblo en otra lengua.

Esta necesidad de traducir ideas nos lleva al problema de las traducciones literales y libres. En la práctica, no hay traducciones completamente literales, y muy pocas son totalmente libres (las paráfrasis). La mayoría de las traducciones están dentro de estos dos extremos.

La traducción *literal* es la que trata de seguir fielmente la *forma* de la lengua original. El extremo de una traducción literal es la que sigue al original palabra por palabra, sin tomar en cuenta las diferencias de forma entre las dos lenguas. A continuación ofrecemos una traducción muy literal de Marcos 1:21-24 como ejemplo.

Y entraron en Capernaum, y en seguida en los sábados entrando en la sinagoga enseñó. Y se sorprendieron de la enseñanza de él, porque estaba enseñándoles como autoridad teniendo y no como los escribas. Y en seguida estuvo en la sinagoga de ellos hombre con espiritu malo, y gritó diciendo "¿Qué a nosotros y a tí, Jesús nazareno? ¿Viniste a destruirnos? Sé quien eres, el Santo de Dios."

Esta traducción no es buena, pero la entendemos. En ciertos pasajes de las epístolas, sería incomprensible.

5 Piense, y dé las razones por las cuales una traducción excesivamente literal no es conveniente.

La traducción *libre* es la que trata de amoldarse a la nueva lengua, a costa muchas veces de la lengua original, tratando de expresar todos los términos en el pensamiento del hombre actual. Otra vez, una ilustración es la mejor explicación. Ofrecemos ahora una traducción muy libre de Marcos 1:21-24.

> *Cuando Jesús estuvo en Capernaum, fue a la iglesia para predicar. Pero no les gustó su predicación, porque les habló fuertemente, y no como sus propios predicadores. De repente apareció un loco que hizo toda clase de bulla, gritando: "¿Por qué te metes aquí, Jesús? ¿Vienes para crearnos problemas? Sé bien quien eres, el hombre perfecto de Dios."*

6 Esta traducción es más fluída, y se expresa en conceptos que nos son más familiares. Sin embargo, tampoco es una buena traducción. ¿Por qué?

7 Piénselo bien, y dé las razones por las cuales una traducción excesivamente libre no es conveniente.

8 Miremos la otra cara de la moneda. ¿Cuáles son los aspectos *positivos* de la traducción:
a] literal?

b] libre?

Llegamos, entonces, a la conclusión de que una buena traducción, si pretende comunicar el mensaje original, tiene que evitar ambos extremos. Una buena traducción debe ser:

- **equivalente** al original, es decir, que comunica el mensaje con fidelidad, diciéndonos a nosotros lo mismo que a sus lectores originales.
- **dinámica**, es decir, que no copia las formas del lenguaje original, sino que expresa el mensaje en el idioma del hombre actual.

Sin embargo, ésta no es una tarea fácil. Por ejemplo, el sistema métrico es relativamente moderno; los hebreos y romanos tenían otros sistemas. En las últimas páginas de nuestra Biblia hay una "Tabla de pesos y medidas" para que podamos saber cuánto pesaba un "siclo", o cuánto medía un "codo".

9 Según su opinión, ¿sería mejor utilizar las medidas antiguas en una traducción, o convertirlas en el sistema métrico? ¿Por qué?

A veces las diferencias son culturales. Por ejemplo, en Mateo 26:20 dice que Jesús "se sentó a la mesa". Pero en aquellos días no se sentaban en sillas para comer en una fiesta, sino que se reclinaban en una forma de sofá colocado al lado de una mesa baja. Sin tomar en cuenta este detalle, es difícil entender lo que significa "recostado" en Juan 13:23 y 25 (Versión Reina Valera)

10 En este caso, explique qué sería mejor: hacer o no una traducción literal (Mateo 26:20 dice "recostó" en el griego).

Podemos ver con esta ilustración que la tarea del traductor no es nada fácil. Aquí hay otro caso: En el idioma griego no se hace distinción entre tu-usted y vosotros-ustedes, sino que hay una sola forma para dirigirse a otras personas. No existía la diferencia entre "familiar y formal" que tenemos en castellano. Esto nos presenta un problema. La versión Reina Valera utiliza "tu" y "vosotros" para todas las personas. La Versión Popular utiliza "tu" y "ustedes".

11 Según su parecer, en este caso sería más correcta la versión Reina Valera, la Versión Popular, o ninguna de las dos? Explique.

Daremos una ilustración más del problema del traductor. Como hemos visto, no es fácil decidir cuándo una traducción literal o libre es más conveniente. En los ejemplos que hemos visto, las diferencias no tienen una importancia *teológica*, es decir, que no afectan ninguna verdad bíblica. Pero existen casos donde la diferencia entre la traducción literal y la traducción libre puede afectar nuestra manera de entender las Escrituras. Damos dos ejemplos.

12 En Hechos 2:38 la Reina-Valera dice "Arrepentirse..." y la Versión Popular dice "Cambien de actitud delante de Dios..." Explique si esta diferencia cambia o no el sentido del texto.

13 En Gálatas 6:16 la Reina-Valera dice "...y al Israel de Dios." La Versión Popular dice "...los del verdadero pueblo de Dios." Explique si esta diferencia cambia el sentido del texto, o no.

14 A la luz de lo que hemos visto, y de las distintas ilustraciones, ¿qué pautas debe seguir un traductor de la Palabra de Dios para producir una traducción fiel al texto, y cuyo mensaje llegue al hombre moderno?

Las traducciones más conocidas y comúnmente utilizadas por nosotros, son la Reina-Valera, Versión Popular y la Nueva Versión Internacional (por lo menos, más conocidas en nuesta zona). En cuanto a ellas diremos:

• La versión Reina-Valera. Es la más usada, pero tiene sus desventajas: es una traducción hecha en un momento (1569) cuando los conocimientos de los manuscritos bíblicos eran muy pocos. Además su lenguaje es anticuado, y a veces tiende a ser demasiado literal.

- Versión Popular. Una excelente traducción para la lectura rápida o para la evangelización. También es buena para las personas que no están acostumbradas a la lectura. Pero por ser traducción libre, no es útil para el estudio.
- La Nueva Versión Internacional. Traducción hecha con un lenguaje moderno. Es bastante fiel al original, y tal vez, la mejor Biblia para el estudio serio.

Se están editando varias versiones nuevas traducidas del inglés; en general, es mejor evitarlas. "Una traducción de otra traducción" difícilmente tenga el valor de una obra hecha directamente de los idiomas originales.

Un aspecto que no hemos mencionado todavía, es que todas las versiones que están en venta contienen citas, notas o comentarios sobre el texto. No hay ninguna versión que no tenga *algún* agregado. Los números de capítulos y versículos, los títulos al principio de cada párrafo, y las notas marginales o al pie de la página son agregados de los traductores.

15 Anteriormente, las Sociedades Bíblicas insistían en publicar su literatura y Biblias *sin* notas ni comentarios. ¿Qué valor o desventaja puede tener esa práctica?

Las notas de las Biblias católicas pueden ser de mucha ayuda, especialmente donde aclaran el sentido del texto, o explican algún detalle del trasfondo. Pero a veces las pautas de interpretación que se aplican son dudosas, sobre todo en el Antiguo Testamento. Podemos sí utilizar sus notas, pero con cuidado, porque estas pueden confundirnos.

Esperamos que su comprensión de la Biblia sea mayor, y que la aprecie como nunca. Afirmamos sin ninguna duda que necesitamos empaparnos de este libro de Dios si deseamos llegar a la madurez en Cristo. Pero tenemos que acercarnos al libro sabiamente, tomando en cuenta todo lo que hemos visto en estas últimas lecciones.

Notas:
1 - Últimamente han aparecido muchas versiones diferentes de

la Biblia. Algunas traducidas de las lenguas originales, otras traducidas de inglés.

Por ejemplo:

Reina Valera 1995 con nostas explicativas.

Biblia de estudio, que es la Versión Popular con notas explicativas.

La Bibla Schofield, con notas extensivas.

La Biblia de las Americas

La Biblia al día

Nueva Biblia Española

El libro del pueblo de Dios

y muchas más.

11 El estudio bíblico

Trataremos el estudio bíblico más en detalle en otra materia de la Serie Madurez. Mientras tanto, nos parece importante tener ahora una idea de los principales aspectos del método de estudio que explicamos en esa materia.

Sugerimos un mínimo de tres pasos a seguir en el análisis de un pasaje bíblico. Estos corresponden al llamado método *inductivo* de estudio.

1 Busque en un diccionario el significado de las palabras "inductivo" e "inducción", y explique en sus propias palabras qué es un estudio inductivo.

2 Lo opuesto al estudio inductivo es el estudio *deductivo*. Busque "deductivo" y "deducción" en un diccionario, y explique en sus propias palabras que es un estudio deductivo.

3 Con los datos de las dos preguntas anteriores, ¿por qué es preferible un estudio inductivo de la Biblia a un deductivo?

Los tres pasos que vamos a desarrollar en esta lección son:

Observación: ¿Qué dice el pasaje?

Interpretación: ¿Qué quiere decir el pasaje?

Aplicación: ¿Qué me dice a mí el pasaje?

Observación

El primer paso en el estudio inductivo de un pasaje es leerlo, examinarlo, de tal manera que estemos seguro de lo que dice. Muchos dirán: "Por supuesto", pero en la práctica es muy fácil leer un texto sin comprenderlo. De la misma manera que podemos cantar un himno sin darnos cuenta de sus palabras, así también a menudo leemos un pasaje de la Biblia sin darnos cuenta de lo que realmente hemos leído.

Debemos, entonces, leer el pasaje: varias veces y si es posible, en distintas versiones. Leer hasta estar seguros de que entendemos todas sus palabras y frases. Si hay palabras que no comprendemos, debemos buscarlas en un diccionario.

4 Hagamos un ejercicio con Tito 3:1-7. Léalo bien como ya hemos dicho, y si hay una palabra o frase que no entiende, anótela aquí para buscar juntos una explicación en la clase.

En la observación, hacemos algo muy parecido a lo que hace el médico cuando recibe un paciente. Pregunta, examina, y trata de juntar toda la información posible antes de llegar a conclusiones

Pero la clase de preguntas que dirijamos al pasaje depende del género literario de éste. En forma simplificada, podemos dividir todas las Escrituras en tres tipos: Narración, poesía y enseñanza. Lo que buscamos en cada caso, y las conclusiones que saquemos, dependen del tipo de pasaje que estamos estudiando.

Por ejemplo, en un pasaje de narración, o de historia, necesitamos preguntar cosas como éstas:

- ¿Quiénes son los personajes?
- ¿Qué aprendemos de cada uno en el pasaje?
- ¿Qué ocurrió?
- ¿Cuáles son los distintos pasos en el desarrollo de la acción?
- ¿Cuándo ocurrió, en relación al: contexto, al libro entero, y toda la Bi-

blia?
- ¿Dónde ocurrió?
- ¿Saber el "cuándo" y el "dónde" nos ayuda a comprender el pasaje?
- Y otras preguntas como estas.

Los pasajes de poesía son mayormente los Salmos, y varios otros donde encontramos cantos. En este caso, las preguntas tiene que ser distintas. Por ejemplo:

- ¿Quién habla?
- ¿Acerca de quién, o a quién habla?
- ¿Qué siente el que habla?
- ¿Es una poesía de alabanza, de lamento, o de qué?
- Si es una oración, ¿qué pide a Dios?
- ¿Qué nos revela acerca de la persona de Dios, del hombre?
- ¿De qué manera expresa su relación con Dios y con los hombres?

Por último, veamos el pasaje de enseñanza, o de doctrina, que requiere aún otras preguntas. Esta vez haremos un ejercicio con el pasaje que vimos en la pregunta 4.

5 En base a Tito 3:1-7, conteste las siguientes preguntas. Tenga cuidado de no agregar cosas que el pasaje no dice. ¿Qué nos enseña en cuanto a:
a] Dios el Padre?

b] Jesucristo?

c] El Espíritu Santo?

d] mí mismo?

e] la vida cristiana, y cómo vivirla?

f] la familia de Dios (la iglesia)?

g] el mundo que me rodea?

Cuando esté seguro de lo que el pasaje dice, entonces el siguiente paso será dividirlo en sus partes principales. Le damos un ejemplo con Tito 3:8-11. Ese pasaje se divide en tres partes, y pondremos en cada una de ellas un sencillo título que resuma el contenido.

Versículos	Título
8	Insistan en las buenas obras.
9	Eviten discusiones inútiles.
10, 11	Echen al hombre que crea divisiones.

5 Haga usted lo mismo con Tito 3:1-7. Pensamos que no hay más de 4 partes (puede haber menos).

Versículos	Título

No siempre será posible contestar todas estas preguntas con respecto a un pasaje bíblico. Por ejemplo, a veces un pasaje no nos dice nada en cuanto al Espíritu Santo, o la iglesia. Pero debemos tratar de exprimirlo, obteniendo de él lo que más podamos.

Interpretación

En la observación examinamos el pasaje para entender lo que dice, y en la interpretación pensamos, meditamos sobre él a fin de llegar a las conclusiones, y así entender lo que nos quiere decir. Debemos preguntarnos dos cosas:

Primero, ¿cuál es la idea principal del pasaje? No debemos fijarnos en el título que nuestra Biblia da al párrafo, porque no siempre es el de la idea principal, sino que debemos buscar lo esencial en base a *todo* el pasaje.

7 Para Tito 3:1-7, complete la siguiente frase con no más de 20 palabras: Este pasaje dice en esencia que:

8 ¿Qué palabra utilizaría si tuviera que expresar la idea principal del pasaje con *una* sola palabra?

Segundo, ¿qué relación tiene este pasaje con su contexto? Debemos recordar siempre que un pasaje es una parte de un libro, y que el libro es una parte de toda la Biblia. *Nunca* podemos estudiar o interpretar un pasaje como si estuviera solo. Tenemos que tomar en cuenta que es parte de algo mayor.

Hay diferencia, por supuesto, entre un pasaje de narración (de historia, como Marcos) y uno de enseñanza (como Tito). Las preguntas que siguen se aplican principalmente al pasaje de enseñanza, pero se adaptan al de narración.

9 ¿Aprendemos algo acerca de los destinatarios del mensaje en Tito 3:1-7? ¿Hay alguna indicación de cómo eran?

10 ¿Le parece que este pasaje es, por lo menos en parte, una respuesta a un problema que ellos tenían? ¿Cuál pudo haber sido el problema?

11 Lea rápidamente la parte anterior del libro. ¿Hay otras evidencias en esa parte acerca del mismo problema de la pregunta 10?

Es necesario tener siempre en cuenta el propósito del escritor del pasaje. Muchas veces dice claramente su propósito, otras, en cambio, lo tenemos que deducir según los argumentos de todo su libro. En el estudio de un libro largo, vamos aprendiendo más y más del propósito del autor a medida que avanzamos con el estudio.

12 En este caso (Tito) el libro es corto, y podemos leerlo todo buscando las evidencias del propósito que Pablo tuvo al escribirlo.
a] ¿En qué textos encontramos evidencias de su propósito?

b] ¿Cuál era, en esencia, su propósito?

13 Ahora, ¿qué papel juega el pasaje que estamos estudiando (Tito 3:1-7) de acuerdo con el propósito del libro? ¿Qué habrá querido lograr con este pasaje?

Aplicación

Como hemos de repetir muchas veces en nuestras materias: La Biblia se nos abre por la llave de la obediencia. Ella no es tanto algo para entender, sino algo para vivir.

Por esta razón en el último paso de estudio, debemos relacionar lo que el pasaje dice con nosotros mismos, con nuestra iglesia, y con el mundo que nos rodea.

La aplicación no es tanto una técnica, sino una actitud. Es recibir las Escrituras según lo que son: la Palabra de Dios. Es examinarlas, llegar a conclusiones, y luego preguntar: "¿Qué hago Señor?".

A continuación damos cinco preguntas de aplicación personal. No todas tienen una respuesta en el pasaje que estudiamos. Pero si examinamos todos los pasajes bíblicos a la luz de estas preguntas, con un espíritu de oración, dejaremos la puerta abierta para que el Espíritu Santo nos hable. En este caso, conteste en base a Tito 3:1-7.

14 ¿Hay una *bendición* por la cual debo dar gracias a Dios?

15 ¿Hay alguna *promesa* que debo tomar?

16 ¿Hay algún *ejemplo* que debo seguir?

17 ¿Hay algún *error* o ejemplo negativo, que debo evitar?

18 ¿Hay alguna *advertencia* que debo aplicar a mí mismo?

Sobre estos mismos pasos de estudio entraremos más en detalle en la materia **Estudio bíblico**. Además nos dedicaremos particularmente al tema de la interpretación. Pero deseamos que comience ahora con este sencillo método. Póngalo en práctica, y así podrá apreciar y aprovechar mucho mejor un estudio más complicado.

Cómo utilizar este cuaderno

Este cuaderno es una *guía de estudio*, es decir, su propósito es guiarle a usted para que haga su propio estudio del tema o libro de la Biblia que desarrolla este material.

El cuaderno propone un diálogo. En él introducimos el tema, sugerimos cómo proceder con la investigación, comentamos, pero también preguntamos. Los espacios después de las preguntas son para que usted anote sus respuestas.

Esperamos que, por medio del diálogo, le ayudemos a forjar su propia comprensión del tema. No de segunda mano, como cuando se escucha un sermón, sino como fruto de su propia lectura e investigación.

¿Cómo hacer el estudio?

1 - Antes de comenzar, ore. Pida ayuda a Dios para que le hable y le dé comprensión durante su estudio.

2 - Se deben leer los pasajes bíblicos más de una vez y preguntarse: ¿Qué dice el autor? Aunque muchos utilizan la versión Reina-Valera de la Biblia, conviene tener otra versión o versiones disponibles para comparar los pasajes entre ellas. La "Versión Popular" y la "Nueva Versión Internacional" le pueden ayudar a ver el pasaje con más claridad.

3 - Siga con la lectura de la lección. Responda lo mejor que pueda a las preguntas.

4 - Evite la tendencia de "apurarse para terminar". Es mejor avanzar lentamente, pensando, preguntando, aclarando.

En grupo

El estudio personal es de mucho valor, pero se multiplican los beneficios si lo acompaña con el estudio en grupo. Un grupo de hasta 8 personas es lo ideal. Pero, puede ser que por diferentes motivos el mismo grupo esté formado por usted y una persona más; aun así, es mejor que estudiar solo.

En realidad, estos cuadernos han sido diseñados con ese motivo: estimular el estudio en células, en grupos pequeños.

La manera de hacerlo es fácil:

1 – **Haga usted en forma personal una de las lecciones del cuaderno**. Aun cuando pueda haber cosas que no entienda bien, haga el mayor esfuerzo posible para completar la lección.

2 - **Luego se reúnese con su grupo**. En el mismo compartan entre todos las respuestas a cada pregunta. Puede ser que no tengan

las mismas respuestas, pero, comparando entre todos, las van aclarando y corrigiendo.

Es durante este compartir semanal de una hora y media, este diálogo entre todos, donde se encuentra la verdadera riqueza que nos provee esta forma de estudio.

3 - **Evite salirse del tema**. El tiempo es oro, y lo más importante es enfocar todo el esfuerzo del grupo en el tema de la lección. Luego, pueden dedicar tiempo para conocerse más y tener un rato social.

4 - **Participe**. Todos deben participar. La riqueza del trabajo en grupo es justamente eso.

5 - **Escuche**. Hay una tendencia de apurar nuestras propias opiniones sin permitir que el otro termine. Vamos a aprender de cada uno, aun de los que, según nuestra opinión, estén equivocados.

6 - **No domine la discusión**. Puede ser que usted tenga todas las respuestas correctas, sin embargo es importante dar lugar a todos, y estimular a los tímidos a participar. No se trata de sobresalir, sino de compartir aprendiendo juntos.

Si en el grupo no hay una persona con experiencia en coordinarlo, se puede encontrar ayuda para dirigir un grupo en:

1 - Nuestra página web, www.edicionescc.com. La sección "Capacitación" ofrece una explicación breve del método de estudio.

2 - En las últimas páginas de nuestro catálogo ofrecemos también una orientación.

3 - El cuaderno titulado "Células y otros grupos pequeños" es un curso de capacitación para los que desean aprender cómo coordinar un grupo.

4 - Hay algunas guías que disponen de un cuaderno de sugerencias para el coordinador del grupo.

Finalmente diremos que las guías no contienen respuestas a las preguntas, ya que el cuaderno es exactamente eso, una guía, una ayuda para estimular su propio pensamiento, no un comentario ni un sermón. Le marcamos el camino, pero usted lo tiene que seguir.

Que el Señor lo acompañe en esta tarea y, si necesita ayuda, comuníquese con nosotros. Estamos para servirle.

www.ingramcontent.com/pod-product-compliance
Lightning Source LLC
Chambersburg PA
CBHW081213020426
42331CB00012B/3012